関係人口をつくる

定住でも交流でもないローカルイノベーション

ローカルジャーナリスト・田中輝美

目次

006 はじめに
ふるさと島根が恥ずかしい……!
「住んでなきゃダメなのかよ」
新しい潮流が起きていた
関係人口との出会い
この本の読み方ガイド

025 第一章　いまなぜ関係人口なのか
人口減少時代、不毛な奪い合い?
地方は消滅するのか
「地域おこし協力隊」は全国で4000人
自称「ふるさと難民」たち
「関わり」がほしい
地域の役に立ちたい
潮流は生かせているのか〜移住・定住
潮流は生かせているのか〜交流・観光
目指せ、第三の道

053 第二章　関係人口ってなんだろう?

定住と交流の間を狙え
どの地域も関係人口は増やせる
新しい軸はインパクト?
必要なのは「関係案内所」

069
第三章　関係案内所　しまコトアカデミー
関係人口の実例10連発
3人のキーパーソン
学ぶ、体験する、自分ごとの3ステップ
移住しなくて、いいんです

097
第四章　メイン講師　指出一正さん　ソトコト編集長が関わるワケ
日本一のオタクが地域に出会う
みんな日本の地方に興味がある
ロハスからソーシャルへ
「渡りに船」……ではなかった
時代の空気を伝える
戦略的〝ゆるさ〟
定員15人 少人数制の意味
編集という新しいキーワード

第五章　企画運営　藤原啓さん　地元シンクタンクの〝賭け〟　127
名物編集長・小黒一三さんとの縁
「絶対にこの人がいい」
悩んだ受講料の設定
地域×自分を考える
集客に苦戦
「あなたがいる」
いわゆる〝地域活性化〟への違和感
チャレンジの場としての地域
結果としての移住

第六章　メンター　三浦大紀さん　人をつなげる魔法　161
出身ではないけど力になりたい
人を動かすのは人である
インターンコーディネートに必要な3つの力
面白いことは掛け合わせでできる
懇親会にフル参加
しまコトファミリーの頼れるお父さん
つくっているのは学びの場
プロポーザルの元ライバル

第七章　主催　島根県"過疎先進県"の意地　187
不幸な移住ミスマッチ
あくまで「候補者」
「島根には人がいる」
歴史と経験に学んだ島根
スーパーヒーローはいない
多様な地域との関わりが実現

第八章　関係人口のつくり方　215
受講後の満足度100％
3パターンの受講生のタイプ
しまコトアカデミーの課題
関係人口をつくる5つのポイント
人口減、人材増
本当の地方消滅とは

おわりに　250

はじめに

この本を手に取ってくださって、ありがとうございます。きっと、タイトルにある「関係人口」という言葉が気になったのではないかと想像します。初めて聞いたという人も、多いのではないでしょうか。言葉自体は知っていたという人も、詳しくはよくわからない、という感じかなと思います。

というのも、この本の執筆中、「どんな本を書いているの？」と聞かれ、「関係人口、って言ってね……」と説明すると、多くの人の顔に「？」が浮かんだからです。思った以上に知られていないんだな……関係人口をタイトルにするのはやめておこうか……。実は、かなり迷いました。それでも最後は思い切ってタイトルに付けることにしました。

それは、やはり、関係人口こそが、本格的な人口減少時代を迎えた日本社会＝縮小ニッポン※を救う新しい考え方であり、地方の新しい戦略になりうると、信じているからです。関係人口という考え方

※2016年NHKで放映され、話題を呼んだ番組「縮小ニッポンの衝撃」からの拝借です。

が広まることで、社会がより良くなる。

これまでは、地域を元気にするためには、その地域に住む「定住人口」を増やすか、短期的に訪れる「交流人口」を増やすか、ということが大事だとされてきました。最近は特に、定住人口を増やす競争が盛んになっています。

しかし、日本全体の人口が減る中で、地域間で定住人口の奪い合いをしていても、疲弊するだけだと思いませんか？　どこかが増えれば、どこかが減るのです。

もっと原点に立ち返って、考えてみます。

地域を元気にすることは、住んでいる人にしかできないことなのでしょうか？

そんなことはないですよね。

たとえ住んでいなくても、地域を元気にしたいと思って実際に地域を応援し、関わる仲間が増えれば、地域は元気になる。

そうです、こうやって地域に多様に関わる人々＝仲間こそが、関係人口です。例えば、定期的に来てくれたり、特産品を買ってくれる人。離れていても、地域のファンであり、ともに盛り上げてくれる。きっと、どの地域にもいますよね。

地域が元気になるかどうかは、住む人が増えるかどうかだけではないのです。

この関係人口という新しい考え方は、地域で活動する人や国の省庁も、これからの未来を拓くキーワードだとして、急速に注目し始めています。

でもまだ、この言葉は生まれたばかり。いまなぜ関係人口なのか、具体的にどんなものを指しているのか。そして、どうやってつくったらいいのか。まだまだ議論は深まっているとは言えません。そこで、この3つの問いに答えようとしているのが、この本です。関係人口をメインテーマに扱う本としては、初めてのものになると思います。

これは、私が人口減少の最先端である島根県を拠点にしている「ローカルジャーナリスト」だからこそ、肌で感じることができたのだと思っています。ちなみにローカルジャーナリストとは、地域に暮らしながら地域のニュースを外に発信・記録する存在で、私自身が名付けました。だから、まだ日本で一人です。

ふるさと島根が恥ずかしい……!

なぜ、私が関係人口にたどりついたのか、少し丁寧に説明したいと思います。私は、中国地方にある島根県で生まれ育ちました。島根は「過疎」という言葉の発祥地であり、いまは日本全体の人口が減っていますが、20年以上前から人口減少が始まっていました。イメージは「過疎で遅れた地域」。記憶によると、社会科の教科書での過疎の説明には、島根にある廃屋の写真が添えてありました。

「なんだか地方、しかも過疎地域の出身って、恥ずかしい」。そんな意識は染みついていて、関西の大学に進学後、出身地を聞かれても「広島県の上の方」と答えて、島根という単語を言わないように、隠していました。

そんな意識のまま、就職活動に突入し、たくさんの新聞社を受験した結果、地元の地方紙である『山陰中央新報社』に内定をもらいました。１９９９年、４年ぶりのＵターンです。しかし、当時は「都落ち※をした」というジリジリしたような思いを抱え、早く都市にある大手新聞社に転職しようと考えていました。そしてほどなく、大手新聞社の中途採用試験を受験。いよいよ転職という段階になり、自分の人生について、あらためて考え直しました。

大手新聞社に移ると、通常はどこか地方の支局に勤務することになります。例えば、私が島根ではない別の地方に転勤したとして、その知らない土地で、現在と同じようなモチベーションで働くことができるのだろうか。誰の、何のために、記事を書くのか——。

結論は「同じモチベーションでは働けない」でした。転職したいと言いながらも、仕事自体には真剣に打ち込み、夢中になって朝から晩まで働いていました。自分の思い入れがある土地で、大好きな人たちの役に立ったり、少しでもその人たちや地域の幸せにつながったりする記事を書いていたから、できていたのです。ふるさとに立脚して働

※みやこおち　①都を終われて地方に逃げていくこと。②大都会、特に東京から地方に転勤すること。（三省堂大辞林）ちょっと古い表現かなと思って辞書できちんと調べてみたら、思った以上に、シビアな言葉で、びっくりしました……。

けることの幸せに、初めて思いが至りました。

大手新聞社に入りたかったのは、「ブランド」に憧れていただけで、都市の方が「上」であり、地方は「下」であるという、当時世の中になんとなく流れていた雰囲気に合わせていただけなのだと気付きました。「私の幸せはここにある。だから、今日から主体的にここを選んで、生きよう」。島根で記者として働くこと、そして、ブランドや雰囲気といった「他人のモノサシ」ではなく、自分の幸せや価値観という「自分のモノサシ」で生きていくことを決めました。転職することはやめたのです。

その後も山陰中央新報社で記者として仕事をしながら、島根の一大テーマである、人口減少問題についても熱心に取材するようになりました。現場で奮闘している人々の姿は確かにありましたが、有効な打ち手が見つからず、正直に言うと、明るい兆しは見出しにくかった……当時を振り返ると、そう思います。

「住んでなきゃダメなのかよ」

入社して10年が過ぎた2009年、山陰中央新報社の東京支社に赴任したことで、私が持っていた「常識」は大きく揺らぎました。大きく3つ、驚いたことがあったのです。

1つは、東京と地方の分断です。赴任してすぐのコラムで、こんな風に書きました。

都会は「過酷」だ。毎日のようにそう感じる。主因は通勤電車。都内屈指の混雑路線沿いに居を構えた。乗車時間は短いとはいえ、朝のラッシュ時は特にひどい。

ホームに滑り込んできた車両は既に超満員。「これ以上無理」と一瞬ひるむが、乗るしかない。意を決して突進すると、すんなり乗れて「一人が立つ面積って意外と狭いな」などと感心するときもある。しかし、今朝は押し出されてしまい、次の電車で再チャレンジする羽目になった。

とにかく、人が多すぎる。一方、もっとゆとりを持って人間的に暮らせる、食も自然も豊かな山陰のような地方は人口減に悩む。さまざまな要因はあるが、この数十年、続いている日本の姿だ。

これでいいのか。少しでも流れを変えることはできないのか。過疎過密問題を含め、都市と地方の在り方を探る記事を書きたい。押しつぶされそうになる電車内で考えた。


こんな過酷な中で、毎日生活している都市の人たちってすごい！　まじリスペクト！　と本気で思いました。そして逆に、島根というのは暮らしやすい土地なのだ、と再認識することにもつながりました。鉄道やバスの本数は少なく、飲食店の数も少ないなど、確かに東京に比べれば不便ではありますが、生活に困るほどではありません。考えてみれば、新鮮な野菜と魚、豊かな自然が身近にあるって贅沢なことではないですか……！

それでも、東京で暮らす友人たちに島根の良さを訴えても、ぴんとこない様子でした。島根をはじめとした地方のリアルな情報を東京で見かけることは少なく、イメージがわかない。都市と地方は分断されているのではないか、という仮説を持つようになりました。

東京で驚いたこと、2つ目。それは時代の変化です。島根出身者で集まって交流会を頻繁に開くようになり、そこで出会った学生たちは、出身地を堂々と名乗っていました。むしろ誇らしげに「島根が大好きなんです」「いつか戻りたい」とも言っていたのです。地方への関心の高まりという、私の大学時代には想像できなかった新しい潮流を感じ、衝撃を受けました。

もちろん、だからと言って、誰もがすぐに移住できるわけではありません。東京での仕事や家族のことなど、人生のタイミングというものがあります。それでも、移住できなくても、島根に関わりたい、役に立ちたいという想いを持つ人たちにも出会いました。

そうだ、離れていたって、関わればいいんだ！　これが3つ目の大きな気付きであり、新しい発見でした。

私は当時、島根出身の若手経営者でつくる「ネクスト島根」という会に参加していました。メンバーはみんな忙しい経営者なのに、毎月1回、朝7時から集まって、ふるさとのために自分たちに何ができるか、熱く語り合っていました。その一生懸命な姿に私も胸が熱くなり、この「ふるさとの役に立ちたい」という思いをなんとか実現できないかと、島根とつないでみたり、プロポーザルへの挑戦を応援してみたり、チャレンジしました。

でも、地元から返ってくる反応は「でも、その人たちって住んでないよね」。何度聞いたことでしょう。住んでなきゃダメなのかよ。住んでいなくたって、離れていたって、「関わりたい、役に立ちたい」って言っている人がいるんだから、関わらせてくれたっていいじゃない。一緒の仲間じゃない。心の底から、こう叫びたかった。

思わずちょっと言葉が荒くなってしまいましたね……反省。でもとにかく、ふるさとに関わりたい、役に立ちたいという思いが実を結ぶことなく、宙に浮いていることが本当に悔しくて、涙がぽろぽろこぼれたことを、いまでも思い出します。

だって、一方では、人口が減り続ける島根では、担い手がいない、いい人がいない、と困っている声も聞いていたのです。それなのに、関わりたい人がいるのに、矛盾してるよ。「住んでなんぼ」が強すぎる。そんな姿勢なら、衰退したって仕方ないじゃないの……。

新しい潮流が起きていた

東京勤務を終えて島根に帰ってきたのが、2012年春。島根県内の雰囲気は変わっていました。実際に、若い世代が自らの意思で移住して、「地域づくりが面白い」「島根が面白い」と起業したり、NPOに就職したり、私が東京で感じたように、確かに新しい潮流が起きていました。

さらに、本屋に足を運んで目に付いたのは雑誌『自休自足』の「都会よ、さらば！移住新世紀」という特集や、雑誌『ソトコト』の「日本列島移住計画」という特集。地方への関心が高まっている——。島根だけではなく、全国での潮流を確信した私は、2013年の新年早々、「移住新時代」という5回シリーズの連載に取り組みました。

その中で話を聞いたのが、雑誌『ソトコト』の指出一正編集長。2012年度から島根県が東京で始めた講座「しまコトアカデミー」の講師を務めていました。この講座は、東京在住者を対象に、離れていても島根や地域づくりを学べるという、全国初のチャレンジングな内容。私自身の想いともぴったり重なっており、初年度から注目していました。

指出さんは、移住・定住については「島根が最先端ですよ」と話しました。まさか、過疎で「遅れて」いると言われていた島根が、最先端……!?

確かに島根の位置付けが、日本の中で大きく変わっていました。日本全体の人口が増え、経済も成長していたころは、島根をはじめとした過疎地域は最後尾だったかもしれません。しかし、人口減少時代に突入したことで、これからの日本を先取りする、最先端の地域になっていたのです。いつのまにか「コペ転※」が起こっていたと言うことができます。

自分たちの地域もいずれ島根のようになるかもしれない。島根に自分たちの地域や日本の未来が映し出されているのではないか。こんな問題意識から「島根で起こっていることが知りたい、学びたい」とい

※コペルニクス的転回。コペルニクスが地動説を唱え、天動説から常識が変わったことになぞらえ、物の見方や考え方、意見などががらっと変わることを指す言葉の略称です。

う声を、他の地域の人から聞くようになっていました。

２０１４年は、地方にとって転換点だったと言えるかもしれません。安倍晋三政権が「地方創生」を掲げる一方、「２０４０年までに896の自治体が消滅する」という増田レポート※が論争を巻き起こし、人口問題が大きくクローズアップされるようになってきました。

島根県内でも8割以上の自治体が消滅自治体とされ、各市町村が競うように人口対策に取り組み始めました。しかし、新聞記事を読んでみると、企業誘致の促進であったり、高速道路をはじめとしたインフラの早期整備の要望であったり、その中身は人口が増える高度成長期からの延長線でしか考えられていないように見えました。

いまはもう人口が減る時代なのに。読みながら、歯がゆさが込み上げてきます。そしてなぜ、若い世代の変化という新しい潮流に目を向け、生かすような政策ができないのか。そう思う反面、実際に潮流を生かすことができるのか。つまり、若い世代が移住してきて地域で活動し「活気が出た」という話が、本当に持続可能な地域づくりにつながっているのか、あまり明確に検証されていないということも感じざ

※２０１４年5月、民間研究機関「日本創成会議」が、２０１０年からの30年間で20〜39歳の女性の人口が5割以上減少すると試算された自治体を消滅する可能性があるとした。同会議の座長が増田寛也元総務相だったことから「増田レポート」と呼ばれています。発表後、反論や批判が相次ぎました。

るを得なかったのです。

そんな中、私は長年育ててもらった山陰中央新報社を退社し、独立することになりました。島根を拠点に、東京や全国に向けてニュースを発信し、東京時代に感じていた、地方と都市の分断を少しでもつなぎ直すことができないか、という想いからでしたが、多くの人に「独立して東京に出るんだ、がんばってね」と声を掛けられることに驚きました。

調べてみると、ほとんどのフリージャーナリストは東京や大阪などの都市にいます。そうか、いないのか。ないなら、つくればいい。そこで「私は島根で生きていくんだ」という宣言を込めて、ローカルジャーナリスト※という肩書きを自らつくり、名乗るようになりました。

関係人口との出会い

独立後、若い世代の変化という潮流を生かせるのか、という問題意識を深めようと、母校の大阪大学大学院人間科学研究科の修士課程に

※例えば47都道府県に最低一人ずつ、というように、もっと各地で増えればいいなと願っています。

入って、学び直すことにしました。

志望理由には、次のように書きました。「島根県内の事例をフィールドワークし、UIターンも含めた人口減少時代の持続可能な地域づくりのモデルを考察、提示したい。それは、全国に先駆けて人口減少が進み、また、挑戦も行われている最先端の地・島根だからこそ、可能になる。そして、日本各地で同じような課題に悩み、取り組みを進める人々にとって、少しでも役に立ったり、参考となったりする研究を目指したい」。

現場でのフィールドワークを進めながら、2017年3月、修士論文「人口減少時代における よそ者との地域再生―島根県を事例に」を提出。UIターン者などの「よそ者」がどのような効果をもたらしたか、島根県海士町《あまちょう》と江津市《ごうつ》の事例を元に検証する内容でした。

明らかになったのは、よそ者は定住するから効果があるのではなく、定住しなくても効果をもたらすということでした。

よそ者が関わること自体が、地域の力になるのです。

さらに、関係人口という、離れていても地域に多様に関わる人のことを指す新しい考え方があることも知りました。私が求めていたあり方を見つけたのです！

若い世代の地方への関心の高まりという、この時代に生まれている潮流を生かして地方を救うことができ、何より、関わりたい人の気持ちも宙に浮くことはない。まさに、双方にとって望ましい「ウィンウィン」になるイノベーションなのではないかと、興奮が抑えきれませんでした。論文の最後には、これからは定住人口や交流人口ではなく、関係人口へという発想の転換が必要である、と提案したのです。

しかし、まだまだ考察が不十分で、取り組み続けたいと考えていたとき、この本の執筆のお声掛けをいただきました。なんてありがたいことでしょう！　ご縁※に感謝。

この本の読み方ガイド

この本の構成は、次のようになっています。

第一章は、いまなぜ関係人口が注目されているのか、もっと言え

※縁結びの神様である出雲大社のある島根県では、このご縁に感謝というフレーズがなじんでいて、よく会話の中にも登場します。

ば、注目すべきなのか、背景を整理します。

さらに第二章で、関係人口とは何なのか、先人たちの議論も振り返りながら、その特徴などをより詳しく考えていきます。

第三章から第七章までは、先に少し触れた、島根県が東京で始めた講座「しまコトアカデミー」が舞台です。なぜ、このしまコトアカデミーを取り上げるのかというと、関係人口をつくることに成功している実例であり、関係人口をつくる上で欠かせない「関係案内所」という役割を果たしていると考えているからです。しまコトアカデミーの概要に続いて、キーパーソンたちの物語を描きます。一人ひとりの思いや営みの中に、関係人口をつくるために必要なエッセンスが含まれているはずです。

第八章では、これまでの章を踏まえて、どうしたら関係人口をつくることができるのか、しまコトアカデミーを構造化しながら分析を加え、課題も見ていきます。

この本を手にとっているのは、人口減少に心を痛め、地域を想い、何とかしたいと悩みながら汗をかいている人たちではないか、と想像します。きっと、地域に暮らしている住民や民間企業、ＮＰＯの関係者、行政の方もおられるでしょうし、離れた都市に暮らしながら、地域を応援している人もおられることでしょう。もちろん、地域と関わりたい、何かしたいけどどうしていいのかわからない、という人にとっても、ヒントになると考えています。

関係人口に関心が強い方は、第一、二、八章を中心的に、島根やしまコトアカデミー、または、地域を想い奮闘する人々の物語に関心が強い方は、三〜七章を中心的に、それぞれ読んでいただくと良いのではないかと思います。

この本は、これからの人口減少時代に注目すべき新しい考え方である、関係人口について議論を深めていくための材料であり、しまコトアカデミーの取り組みを通して、関係人口というローカルイノベーションが生まれる過程に伴走した記録でもあります。

第一章

いまなぜ関係人口なのか

関係人口とは、住んでいなくても、地域に多様に関わる人々＝仲間のことです。例えば、定期的に足を運び、特産品を買ってくれる。離れていても、地域のファンであり、ともに盛り上げてくれる。きっと、どの地域にもいますよね。

その地域に住む「定住人口」でもなく、短期的に訪れる「交流人口」でもない、新しい人口の考え方です。

総務省の研究会※の中間とりまとめにも、注目すべきキーワードとして盛り込まれたり、現場レベルでも各地で活躍するイノベーターが、関係人口こそが重要だと唱え始めたりしています。

関係人口とは何なのか、第二章でもっと深く掘り下げていこうと思いますが、まず前提として、いまなぜこの関係人口が注目され、そして、求められているのか、この問いから考えていきたいと思います。

※「これからの移住・交流施策のあり方に関する検討会」(座長・小田切徳美明治大学教授)。秋ごろに正式な報告が出る見通しだそうです。

人口減少時代、不毛な奪い合い？

日本が人口減少社会に突入していることは、すでに多くの方がご存じだと思います。減少を食い止めたいと、地方自治体は焦りを募らせ、移住・定住合戦を過熱させています。

競って打ち出しているのは、空き家のあっせんや子どもの医療費無料、「引っ越してくれれば○○万円」といった移住者への特典の提供。こうした状況は、「自治体間人口獲得ゲーム※」の様相を呈していると言われています。いずれも他の自治体からの転入にインセンティブを与えて、自分の自治体の住民になるよう、引き込むものです。

移住・交流推進機構（ＪＯＩＮ）が公表している「移住って良いことあるんだ!!　知らないと損する全国自治体支援制度９９６０※」でも、実際に移住者への支援策や優遇策を設ける自治体の多さが分かります。

しかし、ここでいったん立ち止まって、前提を考えてみたいと思います。冒頭でもお伝えした通り、日本は、今後しばらくは人口が減り

※山下祐介『地方消滅の罠――「増田レポート」と人口減少社会の正体』ちくま新書、２０１４

※移住・交流推進機構（ＪＯＩＮ）ホームページhttps://www.iju-join.jp/feature/file/030

続ける、本格的な人口減少社会になっている、ということです。どれくらい減るのでしょうか。

日本の人口は、増減を繰り返して大きく4度の波を経験しながらも、明治期以降は、基本的に増加が続いてきました。※ 5年に1回行われる国勢調査によると、2015年の日本の総人口は1億2709万4745人。2010年の前回調査から96万2607万人（0・8％）減り、1920年の調査開始以来、初めての減少となりました。長らく経験したことのない局面を迎えている、と言うことができます。

そして、今後もこのトレンドが大きく変わりそうな気配はありません。国立社会保障・人口問題研究所の試算では、2030年までに1億1662万人に減り、36年後の2053年に1億人を割り込んで9962万人に減ると予想されています。

これまでは将来像を描くときも拡大、成長を自然と前提にしていましたが、これからはそうではない。減少を前提に、新しい戦略を描く必要があるのです。

そう考えると、全体の人口が減る中で、地方自治体間で、定住人口

※鬼頭宏『人口から読む日本の歴史』講談社学術文庫、2000

という限られたパイの奪い合いを繰り広げることは、疲弊を生むだけであり、不毛だと言えるのではないでしょうか。どこかが増えれば、どこかが減る。ゼロサムゲームと言われます。勝ち組と負け組を分けるのです。実際、同じような懸念や指摘もなされています。※

地方は消滅するのか

地方は、これまで長い間、人口減少に直面してきました。1950年、三大都市圏には日本の人口の約3分の1（34・7％）が、その他の地方には3分の2（65・3％）が暮らしていましたが、三大都市圏の比率は増え続け、2005年には三大都市圏が50・2％、地方が49・8％と比率が逆転。三大都市圏が総人口の過半数を占めるようになっています。

そして2014年、『地方消滅※』という、かなり刺激的なタイトルの書籍が出版されました。この本には、さまざまな批判や反論が相次ぎました。それらの反論の中には、説得力があるものも多く含まれて

※筒井一伸・嵩和雄・佐久間康富『移住者の地域起業による農山村再生』筑波書房、2014

※増田寛也『地方消滅』中央公論新社、2014

います。

しかし、あえて言えば、長い間、人口減少が続いてきた地方は、その結果、消滅の可能性があるという言説が出るほどの状況である、ということは事実でしょう。

2015年の国勢調査でも、人口が減少したのは、47都道府県のうち地方の39道府県。この構図は基本的に、戦後、高度成長期を通じて続いています。地方から都市へ、労働力として人が供給されていったことに加えて、地方に根強くあった家族や地域の関わりが固定的、閉鎖的で煩わしく、そこからの自由を求めて都市へと移動した側面もありました。

こうして、中には20年以上も前から人口が減り続けている地方もあるのです。

注目したいのは、こうして人口減少が続いてきた地域では、住民の意識の後退やあきらめなどが報告されるようになっていることです。「心」の問題です。

農山村問題の第一人者である明治大学の小田切徳美教授は、人・土地・むらという3つの空洞化が進んだ結果、地域住民がそこに住み続ける意味や誇りを見失いつつある「誇りの空洞化※」という、本質的な空洞化がその深奥で進んでいると述べています。

さらに、「子どもが都会に出て良かった」「こんなところに若い人は住まないだろう」といった声を地域で聞くことがあるとして、こうした思いが何かのインパクトで「諦め」として顕在化して「臨界点」に達し、「まだ何とかやっていける」という多数の住民の基本的な思いが、「やはり、もうだめだ」と質的に変化し、活動が停止することを恐れています。

私自身も、自分の地域のことを「何にもないところ」「つまらないところ」と口にする住民の言葉を聞くことがあり、悲しさと悔しさでやりきれなくなります。

何にもない地域、つまらない地域なんて、存在しないのに……！

さらに、呼ばれた講演会の質疑応答で、「若者が来てくれない」と嘆く一方で、「自分の子どもには帰ってきてほしくない」という、そんな声を聞くこともあるのです。自信を持って、帰ってこいと言えな

※小田切徳美『農山村は消滅しない』岩波書店、2014

い。やはり誇りを持つことができていないのだと感じます。

でも、住民たちを責める気にはなれません。人がどんどんいなくなる、減っていく過程で、心が傷ついていることが根本にあるのではないか、と感じているからです。

学術的にも、地域住民のあきらめや心の荒廃を指摘する論文や書籍は少なくありません。結果的に、せっかく「地域を消滅させずに元気にしたい」「何とかしたい」と立ち上がった人がいたとしても、周囲のあきらめが強かったり、モチベーションが低かったりすることで、実際にはなかなか前に進まない。そのうち、立ち上がった人の心が折れてしまう……。こんな事例も残念ながら、見聞きしてきました。

地方にとって、消滅とまで言われるほど人が減り、何かしようと思っても力が足りないこと、その結果、住んでいる人の心の中にあきらめが大きくなっていること。地方は、体力面、精神面、ともに危機に直面していると言うことができます。

「地域おこし協力隊」は全国で4000人

そんな危機に直面する地方に、新しい潮流が生まれています。都市の若い世代を中心とした、地方への関心の高まりが「田園回帰」と呼ばれ、注目されているのです。

全国の20歳以上を対象にした、2014年の内閣府による農山漁村に関する世論調査では、農山漁村地域への定住願望がある人は31・6%で、9年前の2005年調査の20・6%と比べて11ポイントも増加しています。

過疎地域を対象にした、総務省の「田園回帰」に関する調査研究会の都市住民に対するアンケートでも、農山漁村地域に移住してみたいと答えたのは全体の30・6%。20代と30代が多く、中でも最も高い20代男性では43・8%でした。

では、実際にどれくらいの人が移住しているのでしょうか。残念ながら、全国で毎年どのくらい移住者がいるのか、政府の実態調査などはなく、誰も把握できていないのが現状です。その中で、手がかりになりそうなデータを2つ挙げてみましょう。

①2014年度、自治体の支援策を使うなどして移住した人が、1万1735人だったことを明らかにした毎日新聞とNHK、明治大学地域ガバナンス論研究室（小田切徳美教授）の共同調査。2009年度から5年間で、4倍以上増えました。ただ、これは行政を通じて把握できた数に限られ、行政に頼らない移住者もいるだけに、実態はさらに多いとみられます。地方への移住者が増えているトレンドにあることは間違いないと思われます。

②市町村を通じて、全移住者の数を調査している島根県のデータです。それによると、2016年度、島根県内にUIターンした人は4376人。Uターンが2687人、Iターンが1643人で、ともに20代、30代が最も多い。年代別では、20〜29歳が1212人、30〜39歳が910人と突出して多くなっています。若い世代の移住者が予想以上に多くなっています。

政策的にも、地方自治体が一定期間その地域に生活の拠点を移す都市住民を「地域おこし協力隊」として委嘱し、地域協力活動を行ってもらう、という制度が導入されました。

スタートした2009年度は89人（実施自治体数31）でしたが、2016年度には3978人（同886）へと増え、浸透してきたと言うことができます。

全国で4000人近い人が、都市から地方に移住して、地域を元気にしたいと活動しているなんて、驚きませんか。

自称「ふるさと難民」たち

なぜ、地方への関心が高まりを見せているのでしょうか。都市に暮らす若い世代のリアルに目を向けたいと思います。私自身は3年間しか東京に住んでいないので、都市に暮らす人々の気持ちが全部わかる！　とはとても言えませんが、なんとなくわかるような気がするのは、自称「ふるさと難民」で、「ふるさとがほしい」と口にする都市育ちの友人を知っているからです。

その友人は、東京都多摩市にある多摩ニュータウン※で育ちました。その地域内の小学校に通っていたときは、子ども会もあり、近所の人たちとも「○○ちゃんのお母さん」といった感じで、関わりがあったそうです。

しかし、別の自治体にある私立の中学校に通い出すと、小学校時代の友人とはどうしても疎遠になり、部活や塾などで忙しくなると、自宅には「寝に帰るだけ」。高校も地域の外に通ったため、その構図はずっとそのままでした。

地域に親しい同級生や友人、知人がいない。最寄り駅の周りを見回してもチェーン店ばかりで、「すさんだ夢の国、っていう感じもして」と苦笑します。愛着がなかなか感じられず、ふるさとだとは思えない。進学した首都圏の大学も地域との接点はないままでした。

社会人になり、東京で働くようになると、人との関わりや文化がある街への憧れから、浅草にあるシェアハウスに住むことにしました。しかし、猛烈に仕事が忙しく、帰宅するのは毎日、午前1時や2時。

※都心の住宅難解消を目的に1965年、都市計画が決定されました。多摩、八王子、稲城、町田の4市にまたがる約2900ヘクタールの面積は、国内のニュータウンで最大。計画人口は約34万人で、現在は約21万人。

こんな時間なら、同居している人も寝ていてコミュニケーションどころではない、ですよね。シェアハウスの周囲には、地域に根ざした飲食店もありましたが、土日はとにかく寝て、体力を回復するのが精一杯。豊かさどころか、都市の中で、心と体が追い込まれていくのを感じていたと言います。

その後、ある地方の不便な漁村に、仕事で1ヶ月住むことになりました。400人くらいの、まさにディープコミュニティ。おせっかいなおじいさんやおばあさん。家族構成や乗っている車の種類、前の晩に何を食べたかまでお互い知っている。それでも、例えば酒癖が悪いような人でも「まあ、ああいう人だから」とそのまま受け入れられていました。「こういう安心感がふるさとなのかな」と初めて感じたのです。

さらに、自分自身もそのままでいられることにも気付きました。都市では仕事を通じて人に会うことが多く、名刺交換をして、肩書きからどうしても入ってしまう。その人自身ではなく、組織や役割や地位という、言ってしまえば「殻」があり、その中で生きることができる。一方の地方では、自分にがんがんと土足で踏み込まれ、自分としてどう付き合っていくかを問われるように感じました。最初は慣れなかったと言いますが、その殻の中にある本人に触れる、という体験が貴重であり、「ふるさとがあったらいいな」と思うようになりました。

私は、彼女が人生や生き方に迷い、相談を受けているときに、この言葉を直接、聞きました。なぜ迷うのか、何がしたいのか、繰り返し聞いている中で「ふるさとがほしいんです」と。それは「魂の叫び」とでも表現したらいいのか、切実で、真に迫った声だったので、とても印象に残っています。

「関わり」がほしい

彼女だけではありません。「無縁社会」という言葉を聞いたことがあるでしょうか。NHKによるドキュメンタリーのタイトルですが、人間同士の関わりが急速に失われ、社会から孤立する人が増えた現実が浮き彫りにされ、多くの人が抱える不安を顕在化させたと言われています。かつては地方から自由を求めて都市に人が出て行きましたが、現代の都市では自由と隣り合わせの無縁という一面を表している、と言うこともできます。

特に、かつて地方から都市に移動してきた第一世代は、出身地というふるさとを持ち、ゆるやかなネットワークでふるさととの関わりを持っていましたが、その子どもたちにあたる第二世代は、都市で生まれ育ち、親の出身地との関わりも深くありません。より無縁や孤独という言葉に、リアリティが増す環境にあるのかもしれません。

こうした都市に暮らす人々の生きづらさを鮮やかに切り取っているのが、「東北食べる通信」を世に送り出した、高橋博之さんです。食べる通信とは、食のつくり手を特集した情報誌と、彼らが収穫した食べものがセットで定期的に届く「食べもの付き情報誌」。東北から始まった生産者と消費者をつなぐこの試みが人気となり、いまでは全国38エリアで、同じように「食べる通信」が発行されるなど、大きく広がりました。

東北食べる通信の編集長も務めている高橋さんは、都市に暮らす人の閉塞感や窮屈感を「2つの見えない檻」に閉じ込められている、と表現しています。※「自由の奴隷」という檻と、もう1つ「生きる実感の喪失」という檻。だからこそ、関係性（つながり）とリアリティ（生きる実感）を渇望しているのだと。

詳しくは、ぜひ高橋さんの著書を読んでいただきたいのですが、私自身も、自分を「ふるさと難民なんです」と自虐的に話す都市の人たちに多く出会ってきました。やはり、ほとんどが第二世代の人たちです。逆に「ふるさとがあることに憧れる」とも言われました。ふるさとが恥ずかしかった私の時代とは、感覚が違ってきている。

ふるさとという言葉に新しい息吹が吹き込まれ、都市に暮らす若い世代にとって、自分が求めている関わりがあるあこがれの場所だというように映っていると言えます。

地域の役に立ちたい

では、彼らはどんな関わり方を求めているのでしょうか。ヒントに

※高橋博之『都市と地方をかきまぜる』光文社、2016

なるのが、雑誌『ソトコト』の指出一正編集長が、各地で活躍するローカルヒーローたちを紹介した著書※の中で、若い世代の特徴として表現する「ソーシャル」です。

ソーシャルとは、社会や地域、環境をよりよくしていこうという行動やしくみを広く意味しており、時代のキーワードだと考えています。個人の幸せだけではなく、地域の幸せも考える、公共的、利他的なあり方のことだと考えていただけると良いと思います。

この背景には、2008年のリーマンショックや、2011年の東日本大震災の影響が大きいと指出さんは見ています。人々の価値観が大きく揺さぶられたことで「1つのものに頼りすぎない生き方」「バランスのとりやすい豊かな暮らし」といった新しい価値観の発見につながり、さらに、いまの社会システムへの疑問、その先に未来や自分の幸せはあるのかを考えさせられ、個人の幸せのみではなく、社会や地域の幸せを考えるあり方につながっていると。

これは、過去とは明らかに違っています。

過去にも地方への関心の高まりが注目されたことはありました。都

※指出一正『ぼくらは地方で幸せを見つける―ソトコト流ローカル再生論』ポプラ社、2016

市へと移り住んだ出身者が地方へと戻るUターンが1970年代に注目され、続いて1980年代後半になると、出身とは関係のない土地に移住するIターンが登場しました。しかし、Uターンの理由は家族の事情といった消極的な理由が中心で、Iターンものんびりとした田舎暮らしに憧れを持つといった、どちらかと言えばこだわりのライフスタイルやイデオロギーの実現という側面が強く、地域に関わりたいという人たちは限定的だったとされています。※

しかし、ソーシャルないまの若い世代にとって、地方とは単に住むための場所、自分だけの暮らしの場所なのではありません。自分も地域もよりよくなっていくために、自分が関わりたい、役に立ちたいと感じる場所なのです。

役に立つためには、そのための役立ち方、言い換えれば、役割が必要です。でも、人が減り続けている地方には課題がたくさんあり、その課題を解決するための役割もたくさんある。だからこそ、チャレンジすることができます。

彼らにとって地方は「チャンスがたくさんあり、人が成長できる場

※蘭信三「都市移住者の人口還流―帰村と人口Uターン」松本通晴・丸木恵祐編『都市移住の社会学』世界思想社、1994
小田切徳美・筒井一伸 編著『田園回帰の過去・現在・未来―移住者と創る新しい農山村』農山漁村文化協会、2016

所」と映ってさえいるのです。

これこそが、私が東京時代から感じてきた潮流のことです。地方への関心が高まっている。しかも、ソーシャルな若い世代が関わり、チャレンジするための場として地方がとらえられているのです。

潮流は生かせているのか〜移住・定住

では、新しい潮流を、地方の側はどう生かし、力にしているのでしょうか。

これまでは大きく2つの戦略があると考えられてきました。①移住・定住、②交流・観光です。それぞれ詳しく見ていきましょう。

まず思いつくのは移住・定住だと思います。地方に移住してきて、ずっと住み続けてもらったらいい。実際に多くの自治体が移住・定住対策に懸命になっていますよね。

でも、想像してみてほしいと思います。移住というのは、住まいを移すと書きますが、住まいはもちろん、仕事や友人関係など、自分の毎日の暮らしにまつわるほとんどのことが変化します。人生の一大事です。いくら想いがあっても、簡単には決断や実行ができません。

一言で言うと、移住は〝ハードルが高い〟のです。

これを表すように、まだまだ、移住者というのは少ないのが現状です。全国で毎年どのくらい地方への移住者がいるのか誰も把握していないと先に触れましたが、少しでもヒントになりそうなのが、前述の総務省の「田園回帰」に関する調査研究会のアンケートです。

農山村地域に移住してみたいと答えた都市住民は20代男性が最も高く43・8％。一方、移住する予定があるとしたのはわずか1・0％。20代女性でも移住してみたいとしたのは32・1％、移住する予定があると答えたのは1・7％。全年代の中で最も多くはありましたが、それでも1％台にとどまっています。理想と現実の間に大きなギャップがあるのではないでしょうか。

この他にもハードルを上げている要因があります。地域の姿勢です。移住してきた人に対して、すぐに「いつまで住むのか」と、定住の覚悟を求める場面をよく見てきました。引っ越してきたばかりで、そんなことは正直、わからないのではないでしょうか。気持ちはあっても、長い人生、約束はできない。

でも、そういう地域の姿勢が「定住しなくては地域に関わる資格がない」というメッセージとなって伝わります。私もはじめにで触れた通りです。

その結果、何が起こっているのかというと、地域に移住したり、関わったりすることのハードルが異常に上がり、「定住しなくては関われない」となり、多くの人は「すぐに移住、そして定住までは決断できないから、やっぱり関わることもやめておこう」という、オールオアナッシングになるということです。

さらに、地域に「住めない」ことを後ろめたいと思ってしまっている人たちもいます。そんな必要はないのに。

地域に移住したり、関わったりする選択肢が、入り口から閉ざされるのです。人が足りない、来てほしいといいながら、結局、排除しているのは地域側という側面もあるのです。

ＵＩターンや地域おこし協力隊として地域に引っ越して来たもの

の、移住後にミスマッチが露わになり、不本意な形で地域を離れたというケースも少なくありません。地域おこし協力隊の失敗事例もインターネット上に公開されています。

自分に合う地域が見つかればハッピーですが、そうでない場合、再び住まいも仕事も変えて違う地域にまた移らなくてはなりません。移住者も地域の人も傷つきますし、双方にとって不幸です。

潮流を生かし、力に変えている！　とは全面的に言いにくいのが現状です。

潮流は生かせているのか〜交流・観光

では、もう1つの交流・観光を見てみましょう。交流とは短期的に滞在することを一般的に指しており、都市住民が地域を訪れ、地域への理解を深めることができるとされています。

移住に比べればぐっと取り組みやすい、つまり、ハードルが低くはあります。しかし、一方で、例えばイベント交流などが、住民の無償労働によって成り立つ構図になりやすく、「交流疲れ」という現象が報告されているのです。

先ほど登場した明治大学の小田切徳美教授は、交流疲れ現象について、交流当初は取り組みに熱心に参加できるが、2〜3年後には「都市の者に頭を下げてサービスをして、地域に何が残ったのだろう」という疑問とともに、参加者の疲れが増す現象であるとして、最終的には活動が崩壊した例も少なくないとしています。※

さらに詳しいのが、森戸哲さんの論文です。※それによると、現場の自治体での取り組みは、１９８０年代半ば以降から、盛んに行われるようになりました。都市農村交流の代表的な形態として、①姉妹都市提携、②サミット交流、③農産物を媒介とする交流、④特別村民制度、⑤オーナー制度、⑥イベント交流、⑦農業体験交流、⑧保養施設による交流、⑨都市内拠点施設、⑩市民農園交流、⑪山村留学、⑫リサイクル交流の12例が挙げられています。バラエティ豊かですよね。

しかし、大半は住民の無償労働によって成り立ち、一部では本業の農業に支障をきたすなど、本来、都市と農村の関係は相互補完的で負

※小田切徳美『農山村は消滅しない』岩波書店、２０１４

※森戸哲「都市と農村の共生を考える：交流活動の現場から」農村計画学会誌20（3）２００１

担も対等であるはずと言いながらも、実際には互いに相手側への期待にずれがあり、全体としては資金と労力の両面において農村側の持ち出しになっている場合が多いと森戸さんは指摘しています。

また、短期的な滞在の形には、旅人として地域を訪れる観光※もあります。しかし、こちらは、ソーシャルな若い世代からみると、少しニーズとはずれているのです。単に観光地に足を運んで、消費することよりも、これまでに紹介してきたように、地域に関わりたい、役に立ちたいと考えているからです。

しかし、観光では、地域の課題を見たり、その解決に関わったりするということは、想定されていません。実際に「旅や観光では物足りない。もっと地域に関わりたい」という若い世代の声を聞いたことがあります。

交流・観光も、新しい潮流を力として生かすことが十分にできていない。構図としては移住・定住と同じだと考えられます。

※観光という言葉の定義というのも実はあいまいでいつも扱いに困るのですが、観光庁によると「余暇、レクリエーション、業務などの目的を問わず非日常圏への旅行」となっています。

目指せ、第三の道

新しい潮流を、地方の側は、移住・定住でも、交流・観光でも、生かし切れていない。力にすることができていないのです。ただでさえ人が減る中で、もったいないと思いませんか?

なぜ、こうなっているのでしょうか。

理由の1つが、時代とのずれです。自治体は成長を前提にした時代のままの延長線上で、移住・定住対策に懸命になっています。しかし、この章の冒頭にも、いまは人口減少時代であること、そしてソーシャルな若い世代が生まれてきていることを紹介しました。

全体のパイが少なくなる中で、自治体同士が、ハードルが高い定住人口を重視しすぎて獲得合戦を続けることは、限界があると考えられます。

もちろん、移住・定住のための政策や、移住・定住してくる人を否定するつもりはまったくありませんが、移住・定住「だけ」しかないかのようになっていること、選択肢の狭さが問題だと感じているということです。一方の交流・観光も、地域に関わりたい、役に立ちたいという若い世代のニーズを踏まえたものにはなっていません。移住・定住でも交流・観光でもない、地方と都市の若い世代がウィンウィンの関係となる第三の道である新しい考え方や仕組みはないだろうか――。

ここで、関係人口の登場です！

関係人口とは冒頭で、地域に多様に関わる人々のことを指すと説明しました。住んでいなくても、定期的に訪れてくれたり、特産品を買ってくれたりする仲間。移住・定住よりもハードルが低く、何より、どの地域でも増やすことができると考えられています。

ゼロサムゲームにならなくて良いのです。さらに、都市の若い世代が求めている「役に立ちたい」という気持ちにも応えるものではないでしょうか。

それでは第二章で詳しく見ていきたいと思います。

第二章

関係人口ってなんだろう?

定住人口でも交流人口でもない、新しい考え方である関係人口。地域に多様に関わる人々であり仲間であるとはいったいどういうものなのか、もっと具体的に考えていきたいと思います。

まずは、これまで関係人口がどう定義されてきたのか、調べてみる必要がありそうです。インターネットで「関係人口」と検索してみました。

いくつか記事があり、その自治体に「関係した」人材というようような表現はありますが、用語を解説している辞典やウィキペディアも見つけることができませんでした。やはり登場したての新しい言葉ということもあり、地域に関わる、ということはなんとなく見えていますが、まだ具体化されておらず、明確な定義もまだ確立されていないと見ていいでしょう。そこで、より詳しく触れている書籍を参照することにします。

定住と交流の間を狙え

最初に関係人口という言葉を使ったのは、この前の章にも登場した東北食べる通信編集長の高橋博之さんだとみられます。前述の著書『都市と地方をかきまぜる』では、関係人口について次のように述べています。

地方自治体は、いずこも人口減少に歯止めをかけるのにやっきだが、相変わらず観光か定住促進しか言わない。観光は一過性で地域の底力にはつながらないし、定住はハードルが高い。私はその間を狙えと常々言っている。観光でも定住でもなく「逆参勤交代」で、地方を定期的に訪ねるというニーズは、広がる一方だと思う。交流人口と定住人口の間に眠る「関係人口」を掘り起こすのだ。日本人自体がどんどん減っていくのだから、定住人口を劇的に増やすのは至難の技だ。しかし関係人口なら増やすことができる。私の周辺の都市住民たちには、移住は無理だけれど、こういうライフスタイルならできるという人間がとても多い。現実的な選択肢だ。関係性が生み出す力をいかに地域に引き込むか、である。

ポイントとして、関係人口とはやはり交流人口と定住人口の間であり、それを狙え、と強調しています。その具体的な関わり方として挙げているのが「逆参勤交代」。都市住民が地方を定期的に訪ねる、ということです。

交流の時間軸を伸ばし、定期的に通うことで、都市住民もつながりができたり、手応えを感じることができたりするし、地方も助かるということでしょう。

次に、逆参勤交代にとどまらない多様な関わり方を提示したのが、こちらも前述のソトコト編集長、指出一正さんです。著書『ぼくらは地方で幸せを見つける―ソトコト流ローカル再生論』の中で、関係人口を「未来を拓くキーワード」として紹介しています。

指出さんは、これまでは地方を元気にする方法として、移住者が増えて人口の増加を目指すことか、観光客がたくさん訪れることによって経済効果を上げることか、が主流であり、戦略としては、住んでいる人を増やす「定住人口」の増加と、地域外から旅行や短期滞在で訪れる人を増やす「交流人口」の増加、どちらに政策の重きを置くかが行政の視点だったとしています。

こうした中で、最近生まれたのが、定住人口と交流人口のどちらにも当てはまらない「地域に関わってくれる人口」である「関係人口」であり、この関係人口が地方の未来を開くキーワードであると述べています。

関係人口が、定住人口と交流人口の間にある、ということは、高橋さんと共通しています。その上で、関係人口が交流人口と違う点は、積極的に地域の人たちと関わり、その社会的な足跡や効果を「見える化」している点だとしています。

具体的な例として挙げられているのが、次の4つです。

①地域のシェアハウスに住んで、行政と協働でまちづくりのイベントを企画・運営するディレクタータイプ
②東京でその地域のPRをするときに活躍してくれる、都市と地方

を結ぶハブ的存在

③都会暮らしをしながら、地方にも拠点を持つ「ダブルローカル」を実践する

④「圧倒的にその地域が好き」というシンプルな関わり方

多様な関わり方のタイプが見えてきて、イメージが膨らんできますよね。地域との関わり方は人によって濃淡があり、グラデーションである、と言い換えても良いのではないかと思います。

そして、大きなポイントの1つとして、関係する地域というのは複数持つことができる、ということも提案しています。

どの地域も関係人口は増やせる

そうなのです、都市の人から見れば、関係する地域は、1つではなくてもいいし、複数持つことができる。また、地方の側から見ても、定住人口のように奪い合わなくてもいい。どの自治体だって、関係人

口を増やすことができます。

人口減少時代の不毛な奪い合いを解決し、そして都市の人も地方も救うことにつながるはずです。

さらに、2017年3月に発刊した私の著書『よそ者と創る新しい農山村※』でも、関係人口という考え方を紹介しました。特に解題では明治大学の小田切徳美教授が、関係人口を「農村に対して多様な関心を持ち、多様に関わる人々の総称」と定義付け、初めて関係人口を図という形にまとめて提示しました。小田切さんは、さらにそれを進化させて、「農村関係人口の可能性」というタイトルで日本農業新聞に寄稿※していますので、最新版のそちらを紹介したいと思います。

この中で小田切さんは、移住ばかりが注目されている中で、実態を見れば、人々の農村への関わりは段階的であるとして、例えば、①地域の特産品購入→②地域への寄付→③頻繁な訪問（リピーター）→④地域でのボランティア活動→⑤準定住（年間のうち一定期間住む、二地域居住）→⑥移住・定住という、いわば「関わりの階段」があり、関係は「無関心—移住」という両極端ばかりではなく、濃淡があると

※田中輝美著・小田切徳美監修『よそ者と創る新しい農山村』筑波書房、2017。2017年3月に執筆した修士論文から一部を切り出して、一般向けにまとめたのがこのブックレットです。

※2017年6月4日付け日本農業新聞

指摘しています。

やはりグラデーションですよね。購入、寄付、頻繁な訪問、ボランティア活動、準定住という5つの関わり方が出てきました。

その上で、より多様な階段が想定できることや、移住の促進のためには、関係人口の裾野を広げることが重要とする一方で、関係人口論は「関わりの階段」を登ることに必ずしもこだわっていないことであり、階段の同じ位置にとどまる人も含めて関係人口であり、それを尊重する議論であるとまとめています。

関わりの階段を登ることにこだわらない、ということは、関わりの度合いを深めること、つまり一直線上のゴールに移住・定住を置いてそこを目指さなくてもいい、ということです。

関係人口のあり方として、とても重要な視点だと感じます。前にも紹介したように、移住・定住にこだわりすぎる地域の姿勢こそが、移住・定住のハードルを上げ、移住者を遠ざけている理由になっていると感じてきたからです。

逆説的ですが、移住・定住を目指さなくてもいいということで、ハ

関係人口の位置

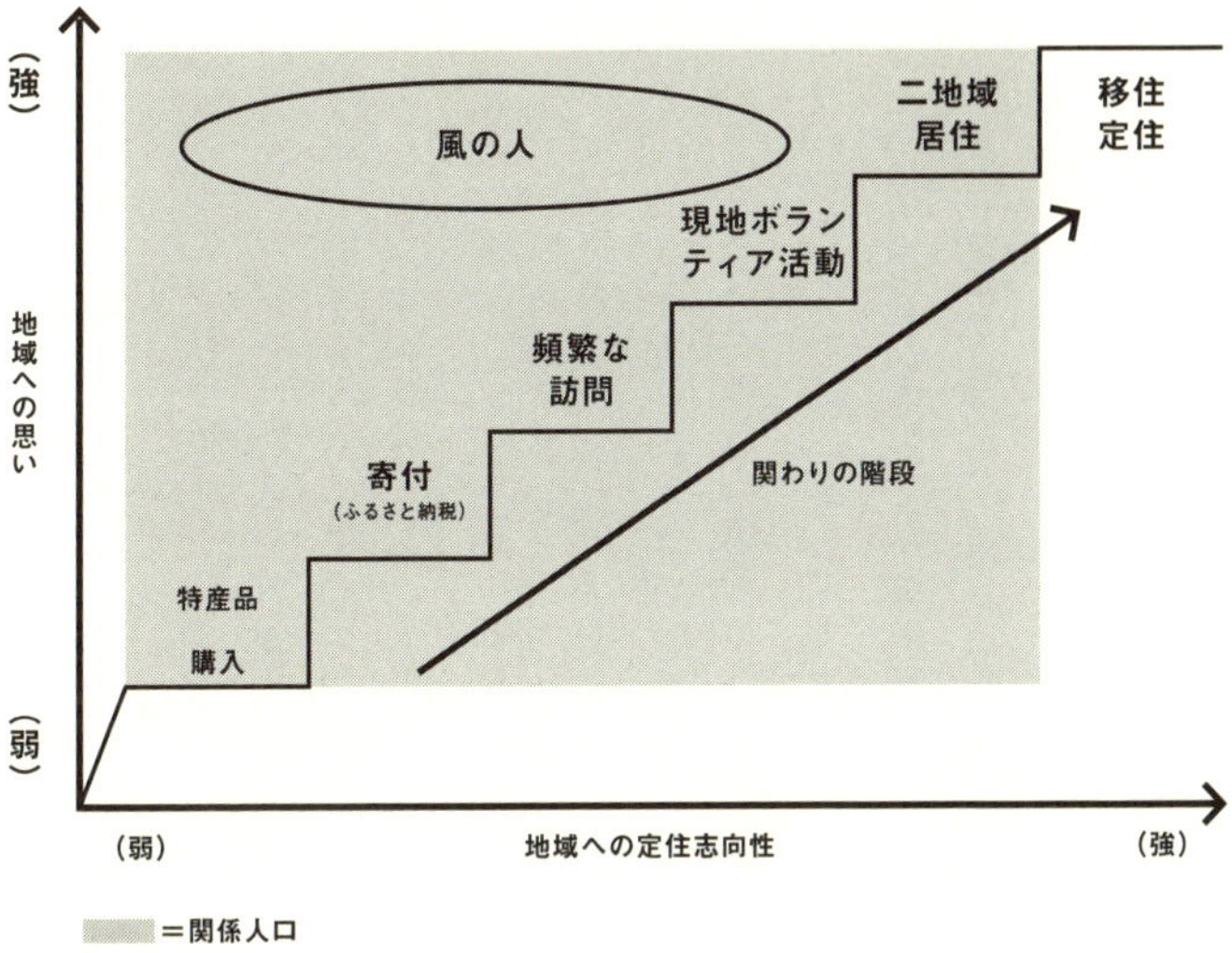

出典：2017年6月4日付日本農業新聞

ードルを下げ、人との関わりの回路が広がる。そうやって関わるうちに、中には結果的に、移住して定住するという人が出てくる可能性もあるでしょう。

さらに、小田切さんが座長を務める総務省の委員会※が4月にまとめた中間報告は、政府関係では初めて、関係人口をきちんと位置づける文書となりました。

その中では、人の役に立ちたいという、ソーシャルな価値を重視するトレンドが生まれているとした上で、長期的な定住人口でも短期的な交流人口でもない、地域や地域の人々と多様に関わる者である関係人口に着目することが、必要であると強調しています。

ここでは、キーワードの1つに、ふるさとが挙げられています。ふるさとに想いを寄せる地域外の人材と、継続的かつ複層的なネットワーク形成が関係人口につながること、こうした地域外の人材がもたらす資金や知恵、労力の提供が地域の内発的エネルギーと結びつきやすく、地域再生の糸口になることにも触れています。

その上で「必ずしも移住という形でなくとも、特定の地域に対して

※「これからの移住・交流施策のあり方に関する検討会」。

想いを寄せ、継続的に関わりを持つことを通じて、貢献しようとする人々の動きを国や地方公共団体は積極的に受け止めることができる新たな仕組みを検討することが望ましい」と、政策化まで提言しました。潮流を受け止める仕組みを求めた、と言い換えることができます。

さすが、田園回帰や農山村問題の第一人者である小田切さんが座長を務めているとはいえ、はっきり、くっきり、関係人口という単語だけではなく、政策化が必要なこと、さらに移住・定住という形にこだわらないことにまで踏み込むとは。正直、驚きでもあり、時代が変化していること、新しい潮流の強さも同時に感じました。

新しい軸はインパクト？

関係人口がどんなものであるか、少しずつ、輪郭が見えてきたでしょうか。これまでの議論を踏まえて、私なりに、関係人口をもう少し具体化してみたいと思います。

これまで、交流と定住という考え方には、その地域の滞在時間という、時間軸に基づいた評価しか存在しなかったのではないでしょうか。

住む＝滞在時間が長いことを評価する。それこそが「いつまで住むつもりがあるんだ」という問いや「住んでいないと関わる資格がない」とでも言わんばかりの態度につながる根本であるように感じます。

住む＝滞在時間ではない評価の基準こそが、関係人口には必要なのです。住まなくても、つまり、滞在時間が短くても、地域の役に立つ、関わる、という形なのですから。その評価軸は何になるのか。

私は現時点では、社会的インパクトという評価軸を加えるのはどうかと考えています。どれだけ長く過ごすかではなく、どんな社会的価値や影響を地域にもたらしたか。

社会的インパクトというものを、さらに掘り下げていくと、ヒト・モノ・カネとよく言われる3要素に、アイデアを加えたものになるのではないかと考えています。これらが地域にもたらされることで、地域の力になるという仮説です。

〈社会的インパクト〉

ヒト＝地域への愛着が増す、ファンや訪れる人が増える
モノ＝地域の特産品の認知度が上がる、売れる
カネ＝地域への投資が増える
アイデア＝地域に新しい知恵やアイデアをもたらす

あらためてまとめると、これまでの定住も交流も、社会的インパクトは関係なく、どれだけ地域に滞在したかという時間軸の評価の指標で、見られていたと思います。

一方、関係人口は、滞在時間にかかわらず、たとえ離れていても地域のファンを増やしたり、地域の特産品を売ったり、投資を呼び込んだり、新しいアイデアをもたらしたりする存在であり、その結果、地域にインパクトを与え、役に立つことにつながると言えます。

必要なのは「関係案内所」

では、関係人口をこれから新たにつくり、増やしていきましょう。

はい、どうぞ！

って言われても、困りますよね……。え、どうやって？　何から、どう始めていけばいいのでしょうか。

これまでも何度も登場してきた指出さんは、関係人口をつくっていく上で必要な機能は「関係案内所」だと提唱しています。よくある「観光案内所」ではありません。

指出さんは、観光案内所のことを「そこで何か新しい情報が得られるとか、ときめくことには出会えない気がしませんか？」と、ズバリと投げかけます。※私もまったく同感です。これまでの観光案内所で提供する情報は、有名な景勝地や施設などの観光場所がメインでした。

一方の関係案内所は、地域の面白い人やその人に出会えるホットスポットのほか、こんな役割が地域に求められていると伝えるような、関わり方を案内する機能を果たす場所。関係人口づくりをお手伝いする場所です。人と地域が関わりを結ぶことができるのです。

いまの日本に、関係案内所は存在するのでしょうか？　はい、あります。関係案内所とは正式には名乗っていませんが、私がはじめにで

※指出一正『ぼくらは地方で幸せを見つける—ソトコト流ローカル再生論』ポプラ社、2016

も触れた「しまコトアカデミー」。島根県が主催し、東京在住者を対象に島根や地域づくりのことが学べる講座で、スタートしてから6年目になります。これまでに、全6期83人が受講し、そのうち18人が島根に移住しました。6期生20人が現在受講中なので、移住率は29％になります。

受講生はみんな、最初から地域に興味があって、関わりを持ちたい、役に立ちたいと思っていたわけではありませんでした。関係案内所としてのしまコトアカデミーに参加し、学んでいく中で、徐々に気持ちに変化が現れたのです。

指出さんも、しまコトアカデミーについて「関係人口を増やすことに成功したと言えます。ロールモデルが島根県で生まれたのは確かです」と語ります。

では、しまコトアカデミーとはいったいどんな講座で、どうやって関係人口をつくり、関係案内所として機能しているのでしょうか。次から見ていきたいと思います。

第三章

関係案内所　しまコトアカデミー

関係案内所としてのしまコトアカデミー。他の自治体からもその取り組みは注目されています。そう言われても、本当にしまコトアカデミーで関係人口が生まれているの？　と疑問に思われたかもしれません。そこでまずは実例、つまり、卒業生たちの関係人口としての活躍ぶりを紹介したいと思います。

関係人口の実例10連発

それでは、しまコトアカデミーの卒業生による、これぞ関係人口！という例を10連発で紹介してみたいと思います。

①お試しプチ移住

奈良県吉野郡下北山村に、一軒家を借りてお試し的に住んだフリーランスの岸崇将さん（36）。特に支援制度があったわけではありませんが、しまコトアカデミーの受講後、住んでいた東京で開催されたイベントでの縁から「拠点づくりをしてみたい」と周りの人に話していたところ、奈良県や下北山村役場、村民の協力で実現しました。今年5月から8月までの3ヶ月間、下北山村で過ごしました。初めての村暮らし体験の中で、田植えや登山など地域の人と交わりながらの楽しい暮らしだったそうです。「ノマド的な人々のための受け皿は、各市町村にあるといいな」。

②二地域居住

岡本佳子さん。東京で働いていたころから建築に興味があり、ふるさとの島根県浜田市で、築80年の雰囲気のある屋敷に一目惚れして、借りることを決意。東京から定期的に通う二地域居住をしながら、その屋敷をリノベーションし、蘇らせました。2階部分をシェアハウスに、1階は地元企業などがテナントとして入っています。2年間の二地域居住期間を経て、現在は浜田市にUターン。「帰省のたびに街の変化を感じ、放っておけないなと。離れていても関われるなら関わりたいとずっと思っていました」。

③同じ地方に何度も通う

横浜で生まれ育ち、東京でデザイナーとして働いていた中島梨恵さん（39）。気に入った器の窯元である島根県出雲市の出西窯《しゅっさい》を実際に見に行ったことがきっかけで島根県のファンになり、情報収集しながら何度も島根県を訪れ、通っています。現在は、デザイナーのスキルを生かし、島根県の天然素材を使った、身に着けて心が豊かになるワークウェアづくりを検討中。「農業ウェアを通じて、着る楽しさや島根の農業を知ってもらい、島根が盛り上がることにつながればうれしい」。

④地方でイベントを開催

島根県江津市が主催するビジネスプランコンテストに応募した飯田亮子さん。審査員特別賞を受賞したことをきっかけに、自身がゆかりのある江津本町で県内外の人気パン屋が出店した「いわみパン祭り」を開催。自身がパン好きであり、そして当時江津市やその周辺にパン屋が少なく、いろんな美味しいパンを食べたいというニーズがあったことから、パンでまちおこしを目指して、住んでいた東京から通いながら実現しました。「離れると恋しくてたまらなくなる島根。また関われる日を楽しみにしてます」。

⑤地方での連続講座を遠隔で受講

島根県出身、千葉で家族3人で暮らしている曽根由佳莉さん（33）。東京で開催される島根県のUIターンフェアにも足を運び、東京で島根に関係する仕事ができないか模索してきました。この春、島根大学で開講している「ふるさと魅力化フロンティア養成コース」を受講。地域で教育に関わる人を育てるコースで、離れていてもオンラインで学べる設計になっています。家族のタイミングを見ながら将来は島根県に移住し、学んだことを生かして教育に携わりたいと考えています。「島根愛が止まらないんです」。

⑥東京にいながら地方の企業とお仕事

長年、広告の企画とディレクションの仕事に携わってきた青木慎二さん（39）。埼玉県出身で、東京で暮らしていますが、現在、妻の実家がある島根県の企業から依頼を受け、その企業のブランディングをサポートしています。打ち合わせのために、これまでよりも島根に足を運ぶようになり、知人友人の新しいつながりができました。「ソーシャルメディアのタイムラインで見える『島根』が激増したり、地域でのコト起こしの事例に触れたりする機会がとても増えましたね」。

⑦地方企業の東京支社で働く

会社員、澄田知子さん（35）。大学進学を機に上京、情報誌をつくる会社で営業などの仕事をしていましたが、転職活動中の2016年、ふるさとの島根県に本社を置くコンサルタント企業に声を掛けられ、入社を決めました。その企業の東京支社に着任し、東京にある自宅から通っています。島根県をはじめとした全国各地の仕事に携わっています。「東京での暮らしは変わることなく、自分が興味を持っていた地域に関わる仕事ができているので、楽しいです」。

⑧東京と地方を食でつなぐ

東京でメディア関係の仕事をしながら、プロボノ的に青森県弘前市などの地域と関わってきた山尾信一さん（41）。地域の旬の特産品を生産者から取り寄せる東京で味わう会「ハツモノ！倶楽部」を定期的に開催しています。初回は島根県海士町の岩牡蠣「春香」。2回目は、長崎県の新じゃが、兵庫県淡路島の新玉ねぎ。「地域でがんばっている人と東京をつないでいく人が求められているのでは。地域に住まなくても、そういう役割が求められているのかもしれないと感じるようになった」。

⑨東京で地方を考えるイベントを開く

東京で社会人生活を送る和田更沙さん（33）、楠田弘毅さん（28）。自分たちのふるさとを学んだり、考えたりするラジオ放送とイベント「ふるさとアンテナ」を、東京で定期的に行っています。東京と神奈川で二地域居住を試みている人を訪ねて取材し、ラジオで放送したことも。二人は島根県出身で、一緒に活動する仲間は福井県、岩手県、富山県の出身者。「ふるさとへの関心は持ち続けているつもりです。

でも、ペースメーカー的に、こういう仕掛けがないと、仕事に追われてふるさとのことを考える時間が維持できないかなと思って」。

⑩旅と移住の間を考える研究会をつくる

東京大学3年、安部晃司さん（21）。全国各地にインターンシップに出掛けてきた東京生まれ東京育ちの学生や、同じ島根県出身の若手社会人と話す中で「自分の好きな地域に、移住まではできないけど旅よりも深く関わりたい」という思いが一致。「旅と移住の間を考える研究会」を２０１６年に立ち上げました。東京で定期的にイベントをしながら、地域とのいろんな関わり方を参加者と考え、実践しようとしています。「自分自身は、いつになるかは分かりませんが、いつか戻りたいという思いもあります」。

3人のキーパーソン

以上、関係人口の実例10連発でした。どんな感想をお持ちになられたでしょうか。これらの関係人口を生み出したしまコトアカデミーは、島根県が遠く800km離れた東京で開講しています。

副題に「ソーシャル人材育成講座」と付けられ、東京にいながら島根をフィールドに地域を学び、実際に出掛けて、自分の関わり方＝コトの起こし方を見つける連続講座です。

15人程度の少人数制で、2012年から毎年開かれており、2017年、6期目の受講生の募集が始まりました。※

2016年までの5期を終えた講座の受講生（1〜5期）に尋ねたアンケートの結果があります（回収率82・5％）。

島根に関わる活動をしているか？　という問いに対し、活動していると答えたのは、58・8％。なんと、6割近くに上りました。首都圏で活動しているとしたのが最多の33・3％、次が島根に移住し、活動しているという25・5％。

住んでも住まなくても、地域に関わっている。まさに講座として目指していた、地域と関わるソーシャルな活動をしている人材が育っていると注目されています。

※東京講座に続き、2015年度からは大阪でも開講しました。

その中でも、離れていても活動している33・3％は関係人口であり、それを生んだと言えるのです。詳しいあり方については、関係人口10連発でも紹介した通りです。

さて、そんなしまコトアカデミーの概要をまずはざっくりと。どんな人が企画運営しているのでしょうか。キーパーソンを３人紹介します。

１人目がメイン講師、エコ＆ソーシャルマガジン『ソトコト』の編集長、指出一正さん。この本の中でも何度も登場していますが、１期のしまコトアカデミーから講師を務めています。半数以上の回に参加し、国内外のソーシャルな動きを踏まえながら、島根と受講生のつながりをナビゲートしています。

２人目がメンター（助言者）として、講座全体を通して受講生１人ひとりに寄り添ったアドバイス、サポートをしている三浦大紀さん。島根県浜田市にある『シマネプロモーション』を設立し、現在も代表です。

そして、３人目、島根県から事業を受託し、企画運営しているのが、松江市に本社があるシンクタンク、『シーズ総合政策研究所』社長の藤原啓さんです。東京にも事務所を構えており、藤原さんが自ら陣頭指揮を執っています。

スケジュールは、毎年6月に募集をスタート。事前に無料説明会を2回程度開催します。その後、募集を締め切り、選考を経て、定員15人の受講者を決定します。

講座自体は、8月から翌年の1月までの全7回。週末の午後に3時間程度、ほぼ月1回のペースで開かれ、半年近くにわたる長丁場の講座です。

前半の3回は、東京での基礎的なレクチャーやグループワークを開催。4回目で短期インターンシップとして、2泊3日で島根県内を訪れます。その後2回でインターンシップの体験を共有し、しまコトプランをブラッシュアップ。1月に各自がプランを発表します。

気になる受講料は4万円です。高いと思われたでしょうか、安いと思われたでしょうか……!

学ぶ、体験する、自分ごとの3ステップ

それでは、2016年度の5期の活動を通じて、講座の詳細や大事なポイントを見ていきたいと思います。

講座は大きく3つのステップに分かれています。①知り、学ぶ、②体験する、③自分ごとに落とし込み、プランとしてまとめる、です。それぞれ紹介していきます。

〈ステップ①〉知る、学ぶ

第1回から第3回までの東京での講座が、ステップ①にあたります。

2016年度、第1回「島根のソーシャルな活動を知る」は8月27日、東京・清澄白河のリトルトーキョーで開かれました。登場したのはメイン講師の指出さんとメンターの三浦さん、受託運営するシーズ総合政策研究所の社長、藤原さんというキーパーソン3人と、主催する島根県の担当者。

プログラム内容

募集開始
↓
事前説明会
↓
オープンセミナー＋説明会
↓
応募
↓
選考
↓
講座（ステップ①）　※東京都内
↓
インターンシップ（ステップ②）　※島根県内
↓
講座（ステップ③）　※東京都内
↓
島根県発行・受講修了証授与

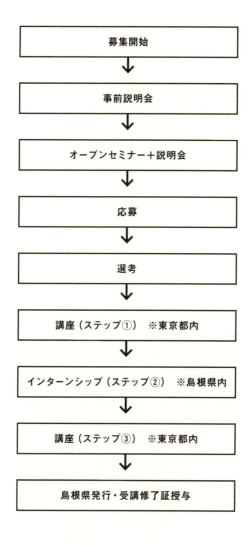

【第1回】島根のソーシャルな活動を知る

日程	プログラム		講師
8/27（土）	14:00〜 17:30	◇オリエンテーション	指出 一正氏 三浦 大紀氏
		◇レクチャー1 「島根の地域課題と活動を知る」島根県 事務局	
		◇レクチャー2 「島根で考えるソーシャルな仕事（仮）」 指出一正講師	
		◇グループ・ワーク 「島根の地域課題と「私」のつながりを考える」	
		懇親会（希望者）	

【第2回】課題発見のヒントをつかむ①

日程	プログラム		講師
9/3（土）	14:00〜 17:30	◇レクチャー1 「ちっちゃい島根見つけた　都内しまね巡り」	三浦 大紀氏 信岡 良亮氏 東部コーディネーター 西部コーディネーター
		◇インターンシップのプレゼンテーション ◇グループワーク「インターンシップ先を考える」	

【第3回】課題発見のヒントをつかむ②

日程	プログラム		講師
9/25（日）	14:00〜 17:30	◇しまコトトーク 「インターンシップで見つけたいコト（仮）」	指出 一正氏 三浦 大紀氏 原 早紀子氏（しまコト2期生）
		◇グループ・ワーク 「インターンシップに向けた準備をしよう」	

2016年しまコト5期開催スケジュール

【第4回】しまコト・短期インターンシップ

日程	プログラム	講師
10/8(土)〜 **10/10(月・祝)**	2泊3日地域を選んで参加	東部コーディネーター 西部コーディネーター 隠岐コーディネーター

【第5回】しまコト・インターンシップ 体験共有

日程	プログラム		講師
11/6(日)	14:00〜 17:30	◇インターン体験発表 「フィールドツアーの内容共有」	指出 一正氏 三浦 大紀氏
		◇フリートーク 「体験成果からしまコトプラン作成への気づきへ」	

【第6回】しまコトプラン・ブラッシュアップ

日程	プログラム		講師
12/3(土)	14:00〜 17:30	◇しまコトトーク 「それぞれのコトのおこし方(仮)」	三浦大紀氏 栗山 千尋氏(Atelier Sunoiro)
		◇グループワーク 「プランを持寄り・ブラッシュアップ」	

【第7回】しまコトプラン発表会

日程	プログラム		講師
1/28(土)	14:00〜 17:30	◇受講生のプラン発表 講師・メンターからの個別アドバイス、講評	指出 一正氏 三浦 大紀氏 信岡 良亮氏

まず、島根県の担当者が、島根県について説明しました。県の人口が2016年7月1日の推計人口で69万425人と、70万人を割っていること。1年前に比べると、マイナス4549人です。

年間5000人近いペースで人口が減少しています。ただでさえ、69万人という人口は全国で2番目に少ない県です。話題になった「消滅自治体」に県内の自治体の8割以上が該当するなど「課題の先進県」であることを強調しました。

ちょっと意外ではありませんか。素晴らしい県とPRするならまだしも、課題が多いことを強調するなんて。

続いてグループワーク。目標は「私と島根のつながり、関わり方を見つける」です。指出さん、三浦さん、藤原さんがそれぞれファシリテーターを務め、この日参加していた受講生11人は3つのテーブルに分かれて議論を進めていきました。

広げられた模造紙には、自分の強みと弱み、島根・地域の可能性と課題という4つのマスが書かれ、それぞれ4色のポストイットに書き込んでいきました。

最初だから議論が弾まないのでは……と心配もしましたが、とんでもない。「場づくりとものづくりをやりたい」という声や「面白いことが少ない。から、つくりたいよね」という声。「自然の良さ、人の良さがあるよね」「地元好きな人が多いよね」という声。課題があるのが先進性で、良さでもあるという声。課題では「高齢化介護、老老介護※」といった意見も。横で見ていても、すごい盛り上がりでした。

指出さんが「早速仲良くなっている感じでうれしいです。この中から実現できるものが出てくるのが島根です。しまコトアカデミーに参加することで、自分の夢を実現し、未来づくりに参加し、楽しんでください。みんな面白いことをやりたい。マネタイズを考えるというより、前向きで楽しいプロジェクトを進めていきましょう」と締めくくりました。

さらに、翌週の第2回に向けて、宿題が配られました。「しまねでコトおこし」プラン・アイデアシートです。解決したい地域課題や自分の強み、インターンシップ地域で学びたいこと、目指すゴール、ビジョンを書き込むものです。

※高齢者が高齢者を介護することを指します。

続いて9月3日の第2回、9月25日の第3回の共通テーマは「課題発見のヒントをつかむ」。グループワークを通じて、インターンシップで自分がどこを訪れるかを決めます。

島根県は、大きく分けて、東部、西部、離島の隠岐《おき》地域の3つに分かれています。それぞれ特色や学べることも異なるため、この3つの中から自分が行きたい地域を選んで参加する仕組みです。メンターの三浦さんとじっくり相談しながら、自分のしまコトプランにつながる地域と訪問先を決めていきます。

〈ステップ②〉体験する

実際に島根を訪れ、体験するのが第4回となるインターンシップです。しまコトアカデミー最大のヤマ場であり、多くの受講生の顔つきが変わる、転機となると言われています。一緒に寝泊まりして時間を過ごすことで、受講生同士が仲良くなる機会でもあります。

東部、西部、隠岐の3チームに分かれ、10月8日から10日まで、い

日程		プログラム	ねらい
10/7（土） 1日目	AM	移動（東京〜島根県内各エリアへ）	地域コーディネーターによるオリエンテーションを踏まえ、活動に同行。島根の田舎における地域課題を体感。翌日の活動ポイントを考える。
		昼食（各自）	
	PM	オリエンテーション 1日目活動	
	夜	受け入れ地域住民との交流	翌日の活動体験を案内する地元住民の方との顔合わせ。
		宿泊	
10/8（日） 2日目	AM	各自のテーマに応じた活動	社会貢献活動テーマと地域の課題解決ニーズの間にある共通性やギャップについて活動を通じて発見していく。※体験内容は、希望を踏まえて、首都圏での講座第 2・第 3 回を中心にメンター・コーディネーター・事務局と調整致します。
		昼食（各自）	
	PM	各自のテーマに応じた活動	
	夜	夕食会（仮）	
		宿泊	
10/9（月・祝） 3日目	AM	現地ワークショップ ・体験成果の整理	活動体験を通じて発見できた「島根のコトおこし（＝しまコト）」に関する気づきやアイデアをコーディネーターの指導により整理します。
		昼食（各自）	
	PM	終了 移動・解散（各地域〜東京）	

※荒天等の場合は、日程を 11 月に延期、および訪問地域の再調整等を行います。

2016年しまコト5期インターンシップのスケジュール

ずれも2泊3日の旅です。

このうち、東部地域のインターンの様子を見てみましょう。東部地域を選んだ受講生は2人。2人の興味関心に応じて設定したキーワードは「コミュニティ、空き家活用」と「農業」。

1日目は、それまで地域になかったコミュニティスペースを新しくつくった女性を訪ね、古民家に宿泊。翌日は、特産品のエゴマ畑や牧場を見たり、農業の6次産業化に取り組む企業を訪ねたりした後、囲炉裏のある宿で交流、宿泊。3日目は、地域づくり人材を育てているNPO法人の「おっちラボ」で、しまコトアカデミー受講後にUターンしたOBから話を聞き、振り返りを行いました。

この間、東部地域の雲南・奥出雲を中心に、なんと14人の島根のプレーヤーやしまコト卒業生に面会するという、盛りだくさんのスケジュールです。島根に暮らしていても、こんなに一気に第一線で活躍するプレーヤーに会える機会はめったにありません。

参加した受講生の一人は「自分で有名な観光地を訪れただけでは、建物しか見ることができない。こんな風に人に会い、人の魅力に触れることができるのが最大の魅力」と感激していました。

〈ステップ③〉自分ごとに落とし込み、プランとしてまとめる

インターンシップ後の第5回、第6回の会場は東京に戻り、最終の第7回で発表するしまコトプランを考えていくワークが基本となります。第5回では、3地域に分かれたインターンシップのチームがそれぞれの様子を報告し、共有。

第6回では、いよいよ次回のしまコトプラン発表に向けて、プランをブラッシュアップしていきます。この回では、4、5人のグループに分かれてプランの原案を共有。メンターの三浦さんが各グループを回って個別にアドバイスしました。

そして迎えた第7回、しまコトプラン最終発表会です。冬の東京らしい、澄み切った青空。2017年1月28日、土曜日の午後、東京・京橋にあるイトーキ東京イノベーションセンター「SYNQA」で始まりました。

あらためて、これまでの半年間、13人の受講生たちが学び、島根の現場も訪れながら考えてきた自分たちの島根おこしプラン＝しまコトプランを発表する、最後の晴れ舞台。壁一面の大きな窓が特徴の明るい空間。卒業生や関係者も含めて集まった30人の間には、静かな熱気が漂っていました。

どんなプランが生まれてくるのでしょうか。スーパーでスペシャルなプランを想像されるかもしれないのですが……先に断っておきますと、しまコトプランは、巷でよくあるビジネスプランコンテストで発表されるようなプランとは、ちょっと違っています。

例えば、この日発表されたのは、家族で数年かけて島根にUターンするプラン。東京にいながら島根に住んでいる人と文通するプラン。島根にIターンして、人口５００人の小さな島で本屋を開くプランを発表した大学生もいました。

え、それがプランなのか？　ゆるすぎないか？　ちゃんと資金計画はあるのか？　もしかして、そう思われたかもしれません。

この章の冒頭に、しまコトアカデミーの目的を書きましたが、自分の関わり方＝コトの起こし方を見つける講座。自分と島根の関わり方が、しまコトプランなのです。

関係人口10連発に登場した中では、③の中島さんが、島根にIターンして、身に付けて心が豊かになるワークウェアづくりをするプランを発表。⑧の山尾さんも、旬の初物を生産者から取り寄せて東京で味わう「ハツモノ！倶楽部」を開くプランを発表しました。

そのほか、すでにUターンをしたという男性は代理発表で「しまコトに参加する前は、ふるさとは田舎、年に一度正月を家族と過ごすための癒しでしかなかった」と前置きしながら、「島根をREMIXしよう」というタイトルで、島根県人による島根県人のためのフリーペーパー＆ラジオやゲストハウスづくりを提案しました。

そう、島根への関わり方は、自分ならではでいいのです。例えば、これがビジネスプランコンテストだとしたら、事業スキームも資金計画もない、多くのプランが残念ながら「失格」となるでしょう。でも、重ね重ね、それがしまコトプランであり、しまコトアカデミーなのです。そして、結果的に関係人口というあり方につながっていくのです。

移住しなくて、いいんです

発表会の最後、主催者を代表して挨拶に立ったのは、島根県庁しまね暮らし推進課の仁科慎治郎課長（当時）。

「これからも島根のファンであり続けていただきたい。移住しなくても学びたい、関わりたいという思いを、これからも実践してほしいというお願いをさせていただきます」

移住ではなく、関係人口で居続けてほしいと呼び掛けているのです。普通なら、移住・定住を目的にしていると、そう思われますよね。だって、島根県という行政が主催しているのですから。

また、しまコトアカデミーを説明するパンフレットにも大きく書いてあるのが目に飛び込んできます。

”移住“しなくても、地域を学びたい！　関わりたい！

繰り返しますが、移住や定住のための講座ではないのです。これこそが、関係人口をつくる上ですでに何度か触れてきた、大切なポイントでもあります。

そういえば、主催している島根県のことをあらためて。人口は現在、約69万人。ピークのころより20万人も減り、人口規模は全国で下から2番目です。※さらに、全国の約半数の自治体が消滅する恐れがあるとされた増田レポートでは、県内の8割以上の自治体が消滅の恐れがあると名指しされました。

過疎という言葉の発祥地でもあることは、はじめにでも触れました。そして全国トップクラスで人口減少や少子高齢化が進む、課題の先進県と言うことができます。

その上、「日本で47番目に有名な県」というキャッチコピーもあります。えーと、つまりですね、47都道府県で最も知られていない、ということです。それほど、地味な県でもあります。実際に、インター

※ちなみにお隣の鳥取県が約57万人で最少です。

ネットのアンケートでも「何があるかわからない都道府県」「どこにあるかわからない都道府県」で一位に輝いたことがあります。

それなのに。いま島根県は、全国の自治体から注目されています。理由の1つが、しまコトアカデミー。担当するしまね暮らし推進課には、しまコトアカデミーの盛り上がりを聞きつけた他の都道府県の担当者から問い合わせの電話がよくかかってくるのです。

「なぜそんなにうまくいっているのですか」という質問に続いて出てくるのが「なぜ指出さんを巻き込むことができたのですか」。

確かに途中でも、キーパーソンの一人として、ソトコトの編集長である指出さんが関わっていることを紹介しました。地味な課題先進県と、東京にあるソーシャル&エコ・マガジンの編集長。一見そのつながりは謎ですよね。なぜ、指出さんが関わっているのか。次は、指出さんの物語をたどりながら、その謎に迫ってみたいと思います。

第四章

メイン講師　指出一正さん
ソトコト編集長が関わるワケ

指出さんは、40代後半にはとても見えません。初めて取材したのは2012年、写真で見ると長髪で「あぁ、もうまさに都会のオシャレ出版業界の人って感じだ」ときちんと話が聞けるのかドキドキしました。実際にお会いしたときにはもう髪は短くて、しかも爽やかに似合っていて、物腰柔らかな大人の男性でした。

そんな指出さんですが、ただでさえ忙しい人気雑誌の編集長なのに、なぜしまコトアカデミーに関わり、メイン講師を務めているのでしょうか。

日本一のオタクが地域に出会う

日本一の釣りオタク。指出さんのもう1つの顔です。1990年代に人気だった、日本一のオタクを決める伝説のクイズ番組「カルトQ」※で、ルアーフィッシングが取り上げられた際に出場し、見事優勝して「カルトキング」の座を射止めました。そしてこのことが、指出さんを雑誌業界へと導いたご縁の1つになっているのです。

※フジテレビ制作の深夜番組。1991年～1993年。特定ジャンルに特化したマニアックな問題が出題されていました。

1969年、群馬県高崎市で生まれた指出さん。自宅には、隠居をしたおじいさんが鳥をたくさん飼い、クジャクもいたと言います。家の周りにはタヌキなどの動物もいて、人間だけではなく、動物や自然と共に暮らす社会が身近にありました。

釣りに夢中になったのは少年時代から。徹夜で釣りに行ったり、釣り道具のカタログの品番まで暗記していたり、始発に乗って東京まで釣り具を買いに行ったりしていました。

大学の時には、アウトドアの雑誌制作会社のアルバイトに飛び込みました。砂運び、テント張りなどの重労働はもちろん、急にタイアップ記事を書けと言われて、行ったこともない場所の記事を想像で書くなど、タフな経験を積む日々。

ある日、カルトQに誰か出てみないかという話になり、テーマが「ルアーフィッシング」のときに出演、優勝したことで、編集部に認められました。そして、そのまま入社。就職活動をすることなく、雑誌業界に入ったのです。

その後、『Rod and Reel』という釣り雑誌の編集長などを経て、現在の『木楽舎《きらくしゃ》』に移ります。大好きな釣りを続けるためにも、その根源である環境を考え直さなくてはいけない。そう思ったことがきっかけでした。

木楽舎は、環境をテーマにした世界初の雑誌『ソトコト』を1999年6月に創刊。ソトコトとは、耳慣れない単語ですが、日本語ではありません。このタイトルに込められた想いは、ウェブサイトで次のように紹介されています。

そもそも「SOTOKOTO」とは、アフリカのバンツー族のことばで「木の下」という意味です。心地よい木陰ができる木の下に集い、さまざまな話し合いや儀式をしてきたアフリカの人々。

樹木が醸す安らぎ、みずみずしい生命感、そよぐ風、さえずる鳥。地球といのちの交歓が、私たち人に叡智を与えてくれる。

『ソトコト』というもうひとつの木陰で、地球環境や私たちの暮らしについて議論しあい、未来につながるいい知恵を生み出そう。そして、それを愉快に伝えていきたい。

「東京の笛吹き男」と題した創刊号では、ゴミ大国・ニッポンの象徴でもある東京のゴミに徹底的にこだわり、著名人・文化人が出すゴミに注目したり、ゴミの科学的なデータやゴミ・アートが載っていたりと斬新な切り口で迫っていました。

2号目では環境先進国ドイツの首都・ベルリンを特集。「水と空気を汚さない国」として北欧の風力発電やリサイクルの最新事情を紹介した翌月に「大人の修学旅行」で奈良を多面的に紹介、続いて「食べて元気になる」と食にこだわった特集を組むなど、大胆な誌面展開と表紙イメージで、読者を驚かせていました。

その後も、エコ住宅やエコツーリズム、エコファッションなど、時代の先を読み、新しいライフスタイルを紹介。海外での取材で見つけた「スローライフ」というスタイルを提唱すると、流行語となりました。さらに2005年頃には、ソトコト発の言葉である「ロハス」が大ブレイク。2007年10月号の創刊100号記念号からは、CO2排出権付き定期購読プログラムをスタートさせ、世界初「カーボンオフセットマガジン」になりました。

地域とは縁遠い人生を送っていた指出さん。地域に目を向けるきっかけになったのが、ソトコトの副編集長を務めていた２００８年、ＮＰＯ法人『ＥＴＩＣ．』※が主催する「地域若者チャレンジ大賞」審査会の委員をお願いされたことです。

基本的に、仕事は断らないというのがスタンスだったため、引き受けましたが、正直に言えば、さほど興味があるわけではありませんでした。アウトドア好きとして地域に出掛けていたので、土地や川、自然のことはわかりますが、人に会うという機会はない。「暮らす人が何を求めているかなんて考えていなかった」と明かします。

それが審査員を引き受け、年に何回か関わることで、地域を応援する若者たちの姿が見えてきました。地方では「地域から人がいなくなっている」という声も確かに聞こえていましたが、一方で、若者がみんな東京を目指すわけではなく、地域に希望を見出している若者もいる、という時代の変化の兆しを感じたのです。

ちょうどこのころは、アメリカに端を発した金融危機・リーマンショックが起こり、採用が減り、雇用が流動化した時期。地域若者チャ

※東京都渋谷区にあるＮＰＯ法人。社会課題の解決につながるような起業家型リーダーを育成しています。

レンジ大賞への若者の応募は増加し、離島の島根県海士町でIターン者が中心につくった企業『巡の環』を立ち上げた阿部裕志さん、人口約1500人の岡山県西粟倉村で林業の6次産業化などに取り組む牧大介さんなど、先進的な地域づくりで知られる中国山地の人々に接しました。

「特に西日本の解像度が上がったこともあり、地域には面白いイノベーターが出てきているなと感じました。これまで見てきたイワナやブナの森に、リアルに人を発見したのかもしれませんね」と指出さんは笑います。

みんな日本の地方に興味がある

編集者として、新しい時代の胎動をレポートしなければ。手垢がついて消費され始めていると感じつつあったロハスに替わる新しい価値観が模索できないか——。そんな中で出会ったのが、徳島県上勝《かみかつ》町のキーマンである横石知二さんでした。

上勝町は町民の半数が65歳以上の高齢者。その高齢者が山に入り採ってきた葉っぱを料理のつまものとして販売、年2億6000万円を売り上げる「葉っぱビジネス」を成功させていました。横石さんはその株式会社「いろどり」の社長。

「地方に移住するのはハードルが高くないですか？」と聞いてみたところ、「いや、簡単ですよ。面白くて楽しいですよ」とあっさりと返ってきたのです。

ソトコトでも以前組んだ特集「ニュージーランド移住計画」が好評だったこともあり、2010年12月号、思い切って、国内移住を特集する「日本列島移住計画」という特集を展開してみました。「感動がある場所」という視点で選んだ日本国内の60地域を紹介したのです。上勝町以外にも、実際に地域を盛り上げ、人気になっている地域があるということを知りました。

その号は「動いた」。つまり、売れたのです。発行部数の7〜8割が売れたと言います。若い読者からの反響もありました。「みんな日本の地方に興味がある」という手応えとともに、よく地方の魅力として言われる地価が安いとか自然が豊かとかいうようなことだけでなく、「関係性」を求めている人が読んでくれた、と感じたのです。

逆説的とも言える気付きもありました。この号で紹介したような中山間地域と言われる地方は、東京の反対と言える場所です。

振り返れば、指出さんの世代は、日本経済がバブルに湧いた時代の後期に青年時代を過ごし「街の万能感」を感じてきました。何でもすぐにお金になるし、ファッションになる。カルチャーも人も最先端で刺激的。東京の自分たち以上にスピード感のある場所はない。何かに挑戦したい若者やビジネスマンは、東京に集まっていた時代でした。

しかし、いまの若者はバブルを知らない世代。過度な万能感を強要されることもなく、一方では厳しい競争原理の中で生きていかなくてはならない。２０００年代からの社会で、彼らのような「足るを知る」世代が、生きられる社会、面白い社会がどこにあるのか探した結果、地方に目が向いたのではないか──。

その予感が体現されたかのように、センスも知性もある若い人たちが移住したり、地方を盛り上げようとしたりしていました。地方という舞台に立つ俳優が替わってきていたのです。

ロハスからソーシャルへ

２０１１年3月、東日本大震災が発生。東京でも節電で街の灯が消えました。ちょうどその年の6月号から、指出さんは編集長になることが決まっていました。

東日本大震災の結果、優秀な人たちがプロボノ※のような形で東北にどんどん入っていきました。本来なら出会うことのなかった、東北という地域と東京の若者が出会ったのです。その中で影響力のあるインフルエンサーたちが「地域って面白いよ」と東京に持ち帰った。つまり、彼らがメディアの役割を果たしたことは大きく、結果として若者が地域に目を向ける、さらに大きなきっかけになった、と指出さんはとらえています。

かつての環境系やロハスの特集は、モノに価値を置く特集と言えました。そうではなく、日本列島移住計画の特集で感じたように、関係

※社会人が自らの専門知識や技能を生かして参加する社会貢献活動。ラテン語の「Pro bono publico（公益のために）」からきている。（知恵蔵）

性が求められているのではないか。「ロハスと言っている場合ではない。個人の幸せのみではなく、利他的な、社会の幸せを考えるような価値観を考えないといけない。実際にそう思っているような、カッコいい世代が生まれてきている」。ロハスからのフルモデルチェンジを決断したのです。

ロハスに替わるテーマは「ソーシャル」。社会や地域、環境をよりよくしていこうという行動やしくみを広く意味する、ソーシャルという言葉こそがふさわしいと考えました。

環境より社会。「このジャンルを面白くしたいし、興味がある」。2008年から3年間、地域の現場の人たちから吸収し続けていたことで、決断の素地ができていたと言えます。何よりも指出さんが共感したのは「発展途上感」でした。エスタブリッシュメントではなく、チャレンジングであること。審査員を経験したことで、具体的な人物像が浮かぶようにもなっていました。

1年をかけて準備し、翌年の2012年5月号（4月5日発売）は、ソーシャル&エコ・マガジンとしてフルモデルチェンジしました。記念すべき第1号のテーマは「ソーシャルな子育て」。ソーシャルという価値観を前面に押し出したのです。

環境やロハスという、時代の1つのブランドを築いていた雑誌が大幅に刷新する。決して簡単なことではありません。新しい読者はついてきてくれるのか――。

ところが。売れ行きはお世辞にもいいとは言えず、消化率は3割という低い数字でした。「全然人がいないじゃないですか」「ここに読者がいるんですか」。営業や広告のスタッフから、詰め寄られます。「何を伝えたいのかわからない」。みんなが納得する答えはありません。勢いあまって人格否定までされることもありました。

雑誌は、残酷な商品だと言えます。読者が面白いと思ったか、読者に響いたか。販売部数というわかりやすい数字となって毎号、審判が下されるのです。当時はまだ新しい読者と「疎遠」だったと言い換えることができるかもしれません。買うまでの距離感を縮めていかないといけない。悩む指出さんに「一緒に島根県の事業をしませんか」と声がかかったのは、そんなときでした。

「渡りに船」……ではなかった

声をかけてくれた相手は、指出さんにとって「島根県の知らない会社の人」。シーズ総合政策研究所の社長・藤原啓さんでした。シーズと木楽舎という会社同士が古い以前からの付き合いが残っており、シーズがプロポーザルに出す新しい事業にソトコトを巻き込んだら面白いのではないかと声がかかったのです。

「新しい読者と距離感を縮めるいい機会。ぜひご一緒させてください」と指出さんは答えました。社員に突き上げられている窮地の指出さんにとって、まさに「渡りに船」だった、という展開では、残念ながらありません……！

当時は東北地方や北海道に通うことが多かっただけに、島根県に詳しいわけではなく、シーズという会社のことも正直よくわからない段階。収益モデルも見えていませんでした。

それでも「やります」。迷うことなく答えた指出さん。ＥＴＩＣ．の審査員を引き受けたときも同じでしたが、指出さんは自分自身を

「自分からは学びに行こうというタイプではないものの、断りはしない」と分析します。

背景には、多彩な分野で活躍しているタレント、リリー・フランキーさんから「来た仕事は絶対断るな。無理だと思うこともやるべきだ」と言われていたということがあります。

もちろん、やりたいと思える理由もきちんとありました。1つは島根県という場所。

確かに島根県のことを詳しく知っていたわけではありませんでしたが、それでも、過疎化や高齢化、人口減少など「課題先進県」であることや、地域づくりに関連する取り組みは、島根県がトップブランドだということは知っていました。自動車業界で言えばトヨタ、ファッション業界で言えばルイ・ヴィトンのようなものです。

どんなものをつくるのか、まだピンときてはいませんでしたが「日本各地で活躍しているような若い人が関わってくれるものができたらいいな。自分にできることがあるかもしれないな」と直感がはたらきました。

さらに、面会したシーズの藤原さんが真摯に、そして丁寧に説明をしてくれ、好印象でした。聞いてみると、シーズが取り組んできたのは地域づくりの分野。指出さんは雑誌やイベント、場所づくりは得意ですが、地域づくり事業の経験はありません。いわば「門外漢」。しかし、逆に、知らない仕事をしている相手となら、知っていることとつなぎ合わせることができるとも感じました。

さらに、その事業が、人材育成講座だと言われたことも指出さんの背中を押しました。指出さんには先生役をやってほしいということだったのです。ちょうど2年前に「ソトコト編集長のエコ人脈講座」を思いつきで開いて授業をしてみたところ、思いのほか人が来てくれたという経験がありました。

「人材育成講座って、ああいう感じかな。社会人が集まってきて先生役をやるのはいいかもな」とぼんやりイメージがわき、できるように感じたのでした。

とはいえ、島根についての知識は圧倒的に不足しています。任せてくれるのは信頼されている証であり、信頼に応えないといけない、と感じて、当時、島根の情報を必死になってインターネットで調べたことをいまでも憶えているそうです。

時代の空気を伝える

しまコトアカデミーに関わることになった指出さん。メイン講師として、しまコトアカデミーでどんな役割を担っているのでしょうか。

大きいのは、全国各地の情報提供者であり、空気感をつくるということです。しまコトアカデミーで、島根県ではない、他地域のことを紹介することも少なくありません。「正直いいのかな、と思うときもある」と笑いますが、余計なフィルターなく、ローカルの話ができる価値は大きいと感じています。

例えば、よく話に登場してくるのが、山形県朝日町の佐藤恒平さんというローカルヒーロー。「桃色ウサヒ」というピンク色のウサギでちょっと変わったゆるキャラをつくって活動しています。ETIC.の地域づくりチャレンジ大賞時代に知り合ったことが、その後ソトコトで取材したきっかけでした。

確かに佐藤さんは島根とは直接関係がありませんが、それでも島根を面白くしていきたいと感じている受講生にとっては、その人の存在や活動状況が参考になる重要な情報です。知ることで、底力を上げることにつながる。それは、ソトコトの編集長として全国を飛び回り、面白い人とつながっている指出さんのような人にしかできないこと。時代の空気を共有させる役割だと言えるでしょう。

しまコトアカデミーを主催する島根県しまね暮らし推進課の担当者も「これでいいんですよ」と話しています。島根の講座のことだからと言って島根のことしか話してはいけないと〝縛る〟のではなく、別の地域について話すことが島根のヒントになればいいと自由に話をさせてくれているのです。

指出さんは受講生個人に対してコメントする場面もありますが、個人に発言しているように見せながら、なるべくキーワードを連呼するなど、集合知として、後ろにいる400人や次のプレーヤーに向けて話すことを意識しています。

そして受講生一人ひとりにもちろん肩入れはしますが、「圧倒的な公平感が大切」と言い切ります。無意識のうちに、見られている責任があるのです。だからこそ受講生の個人に込み入ることなく、誰にでも公平に対応すること。それはきっと信頼感につながっているのだと私も感じました。

運営上では、場所選びのアドバイスもしました。会場の雰囲気で、講座の雰囲気は変わってきます。みんなの熱量が高まりそうな場所はどこなのか。広い寒々としたところでは盛り上がりません。会議室のような四角四面でクローズドな場所ではしないようにしよう。社会人として忙しい人たちが週末に参加する講座という特性から、疲れてうつらうつらしてしまうこともあります。なるべく開放感があるスペースで開催できるようにサポートしたそうです。

戦略的"ゆるさ"

指出さんがもう１つ気を付けているのは、場の雰囲気を和らげるという役割です。最初のしまコトアカデミーの説明会で、なんと指出さんは、島根県のことを実際によく間違えられる「鳥取県」と言い間違いました。激怒されてもおかしくない場面ですが、しまコトアカデミーでは笑って許されるほどの、ゆるい雰囲気なのです。

頭の体操として、想像してみましょう。しまことアカデミーのメイン講師が、コミュニティデザイナーとして知られる株式会社『studio-L』代表の山崎亮さんだったらどうでしょうか。指出さんは言います。「もっとイノベーティブな空気をまとい、しまコトアカデミーという場ももっとクールに育つのかもしれない」。

でも、いまのしまコトアカデミーが目指しているのはそういう空間ではありません。そう、第一章でもお伝えしたように、しまコトアカデミーは「ゆるい」のです。

なぜなのか。そのゆるさは、居心地のよさにつながります。半年間続く講座。居心地がよくなくては、とても続かないのです。

指出さんは「雑誌も講座も隙が見える」のがいいのだと言います。

指出さん自身は、島根の出身者や在住者と比べれば、島根のことをそれほど知っているわけではありません。しかし、逆に、指出さんが「島根通」を気取って、住んでいないのに詳しかったら。受講生に距離感や閉鎖感を感じさせ、突っぱねられてしまうことになりかねません。全員がプロフェッショナルになると鮮度が落ちてしまうのです。

それは雑誌づくりにも共通しているのだそうです。「間違いや誤植もそうだけど、完璧に付け入る隙をなくしてしまったらダメ。甘いと言われるところを、意識的にあえて残しています」。

以前、盛岡でまちづくりをしていた人に聞いたことがあるそうです。その人は盛岡に「自分にとって最高にカッコいい」と思うお店をつくりました。しかし、つくってみると、自分よりカッコいい人が誰も来なくなったことがショックだったと。

もっと関わりたい、友だちになりたい、そういう気持ちを醸成するには、完璧であったり一人勝ちしなかったりすることがポイントなのです。だからこそ、雑誌や講座も、隙やほころびが見える必要があると言うことができます。

それに、しまコトアカデミーが育てた受講生のことを、島根の人がどう見るかということもあります。東京からスペシャルな万能感のある人がやってきて「新しい地方のオルタナティブを俺がつくるぜ」なんて言ったら。快く受け入れられるでしょうか。

指出さんと一緒に参加し、メンバーの1人としてしまコトアカデミーをつくっているソトコトのスタッフも心得ています。初代の「あずにゃん」こと、山本梓さん。二代目の橋本安奈さん。頭脳明晰に地域の事例を分析したり教えたりするというより、場の雰囲気を和らげる雰囲気をつくる役割を担ってきました。

だからと言って、ソトコトがど真ん中で先導し、ものすごく前に出てくる講座ではないとも思っています。指出さんは、島根で行われるインターンシップには参加しませんし、受講生同士のやりとりにも積極的に介入しているわけではありません。真ん中ではなく、あくまで運営側の立ち位置。受講生との距離をどこまで縮めていいのかは常に気にしながら、雰囲気づくりに心を砕いているのです。

「まじめな人たちがゆるい空気感でやっているのがしまコトアカデミーである」と指出さんは表現します。まじめで真剣な受講生の中で、ソトコトという雑誌がくだけた空気を醸成する感じ。バランスが絶妙だったと言えるのではないでしょうか。

定員15人 少人数制の意味

指出さんは、しまコトアカデミーがもたらした価値について、「移住しなくても『地域に関わる』というスタイルが、きちんと”見える化“したと感じています。受講した人たちが『これだったら、自分でも地域と関わることができるな』と思うようになった」と言います。

さらに、しまコトアカデミーになぜこんなに人が集まり、関係人口づくりができているのかと聞いてみました。

「他の行政には、ネタバレになっちゃうけど」と笑いながら披露してくれた分析によると、しまコトアカデミーほど、早く簡単に深く、地域で一番のプレーヤー、行政、まちの人につなげてくれる講座はないから、だと言います。

確かに、一般的に東京でよく開かれている農業フェアや各都道府県が開いているUIターンフェアに出掛けたとしても、つながることができるのは、そのフェアに来ている行政の担当者だけであることがどうしても多くなります。

UIターンフェアに繰り返し足を運ぶより、しまコトアカデミーに入れば、より深く島根を学ぶことができ、さらにキーマンを紹介してもらって、地域に「居場所」をつくってもらいやすいのです。2泊3日のインターンシップで14人のプレーヤーに会うことは第三章で紹介した通りです。

指出さんの言葉で、興味深かったものがあります。「しまコトアカデミーは、自分を見つけるための講座じゃないんです」。指出さんが知っている受講生たちには、自分を探している若者はいない。自分ではなく、居場所探しなのだと。心の居場所づくりとして、しまコトアカデミーが育ち、育っていくと言うのです。

そのための規模感として、15人程度の少人数制であることは、全員の名前や目指しているものがわかり、距離感も近いといった利点があり、コンパクトなコミュニティの最適解であるそうです。増え過ぎると、お互いのことを知ることができなくなってしまいます。

さらに、現場からフィードバックをもらいながら、改善すべき点は改善し、アップデートしています。しまコトアカデミーは、集まる受講生のタイプが毎年まったく異なっています。毎年、新しい講座が始まり、つくっているイメージ。だからこそ軌道修正しながら、その場その場で調整しながらになりますが、それが40人の講座だと難しくなります。

主催している側からすれば、ついつい、もっと大きいコミュニティを求めてしまいがちですが、失われてしまうものがあるのです。

編集という新しいキーワード

6期目に入るしまコトアカデミー。「振り返ったら良かった」と指出さんは話します。6年もの間、続けることは、簡単なことではありません。それが続けられたことで、関係者みんなの自信につながった。自分としても誇らしいし、うれしいのだと笑顔を見せます。ソーシャルという言葉も、広く定着してきました。

ソトコトにとっても大きなメリットがありました。途中で触れたように、早くに人口減少が始まった島根県は移住の先達であり、ローカルのトップブランド。その県と仕事していることは、ソトコトにとっても評価が高まることで、安心感とブランドにつながりました。

こうした〝打算〟があったから引き受けたわけではありませんが、やはり島根県と組んだことは大きかったのです。「地域ブランディングを社会課題として何か取り組むのであれば、島根県から関わることが最も良い」のだと言うことができます。

2015年からは、広島県の依頼も受け「ひろしま里山ウェーブ拡大プロジェクト」に全体統括メンターとして関わっています。さらに奈良県の「奥大和アカデミー」のメイン講師、静岡県の『地域のお店』デザイン表彰」審査委員長など、地域のプロジェクトに関わる機会がどんどん広がっています。

広島も奈良も、先輩格であるしまコトアカデミーに対するリスペクトを持ちつつも、奈良は奈良らしい面白くて柔らかい空気感、広島県は全力感と、それぞれ違う雰囲気を出しているそうです。「それが〝県性〟ですよね」と指出さん。それぞれの県が独立して走り出し、そこに伴走しているイメージです。

指出さん個人にとってもメリットはありました。指出さんは肩書きを書く際、ソトコト編集長の次に、しまコトアカデミーメイン講師を書いています。それだけ島根県のこの事業が、指出さんを変化させ、そして形づくったという意識を持っています。

さらに、指出さんが掲げている、これからの地域を盛り上げていく3つのキーワード。

- 関係人口を増やす
- 未来をつくっている手応え
- 自分ごととして楽しい

メイン講師を6年間務めていないと、生まれていないのだと言います。おかげで説得力が出てくる。しまコトアカデミーという後ろ盾があることで、信憑性ある言葉として響いていく。

最も感じていることは、対話の力が伸びたことです。小さい講座であればあるほど、対話があればあるほど、数や量ではない、お互いが半年を過ごすための熱量が育つのだということを学びました。また、対話の力は取材でも生きています。

それに、今まで気付いていなかった編集の力を学ぶことができました。紙の本をつくる、映画をつくるといった従来の編集のイメージにとどまらず、地域や場づくりにも編集する能力が求められているのです。編集次第で、参加者のモチベーションは大きく変わってくる。場を盛り上げるも盛り下げるも、実は編集というキーワードで切り取ることができるのです。ソトコトのスタッフを立たせるのも、場の編集を学んでほしいという思いがあるからです。

編集するというワードは、これからの地域づくりのキーワードとしても、指出さんは積極的に使うようになりました。

「進行中の地域づくりや動きを伝えられる存在として、そしてそれをフィードバックする伝達者として、今後も動いていきたいですね。

何か一緒にできたら、地域はもっともっと前向きに未来へと動いていくと思います」。

そう、指出さん自身が、島根をはじめとした各地域と多様に関わる関係人口であり、その実践者となっているのです。

指出さんが、なぜ関係人口として「巻き込まれた」のか、そして、どんな役割を果たしているのかということを見てきました。次は、指出さんが地域と関係を結ぶことに「巻き込んだ」人物に迫っていきたいと思います。

ソトコト編集長
指出一正

第五章

地元シンクタンクの”賭け“
企画運営　藤原啓さん

指出さんを巻き込んだ男──。それが、藤原啓さんです。指出さんと同じように物腰が柔らかく、お洒落な雰囲気を漂わせている男性。松江市のシンクタンク・シーズ総合政策研究所の社長として、この5年、しまコトアカデミーを受注して企画運営をしてきました。

なぜ藤原さんは、指出さんを巻き込むことができ、どんなことを大切に設計してきたのでしょうか。これまでほとんど表に出なかったノウハウと狙いを明かします。

名物編集長・小黒一三さんとの縁

2012年6月、藤原さんは島根県のサイトで、あるプロポーザルを見つけました。それは「都市部における地域づくり連続講座企画運営業務」。これまでも地域づくりの仕事を請け負ってきたシーズ。早速、仕様書を確認しました。

見てみると、島根の地域づくりについて学ぶ連続講座を、島根ではなく東京で企画運営する内容でした。え、東京で？　これまでの常識では考えられない、珍しい、もっと言えばチャレンジングな内容に、ワクワクしました。

ただ、直感的に課題だと感じたのは、受講生集め。東京で連続講座、つまり、それなりの期間にわたって開講するのだから、受講生は首都圏在住者が中心になります。

島根県内を基盤にしている自社やそのネットワークだけでは、いくら頑張ってもそのターゲット層にリーチするのは難しい。どうしたらリーチできるのか……。

さらに、島根県に関心がある首都圏の人たちは、自然への憧れや都会に疲れたというような、従来イメージされがちな移住とは違う切り口で島根県を見ているのではないかという仮説を持っていました。その人たちのためにも、島根の魅力をフェアや一過性のイベントではなく、つながりを持って伝えられる仕組みをつくることができたら、きっと面白い。まだよくつかめていないけど、これまでの移住とは違う形でアプローチするには、一体どうすればいいのだろうか……。

そこで思い浮かんだのが、雑誌『ソトコト』。「スローフード」「スローライフ」「ロハス」など、時代のキーワードとライフスタイルを、いち早く提唱し続けていました。コアな読者やファンを持っています。ヒントをもらいながら、受講生集めにもつなげることができるのではないかと胸が高鳴りました。

ただ、ソトコトに依頼したい、相談したいと言っても、そんな人気雑誌とのつながりなんて、普通考えたらあるわけがありません……いえ、それが藤原さんにはあったのです！

ソトコトを発行している木楽舎の社長・小黒一三さんと、父親でシーズの前社長である藤原洋さんの間に面識があったことを思い出したのでした。

小黒さんは、名物編集者として知られていました。東京都生まれで『平凡出版社』(現『マガジンハウス』)に入社後『月刊平凡』『ブルータス』『クロワッサン』『ガリバー』など数々の雑誌の編集に携わり、1990年に退社。1999年に世界で初の環境ライフスタイルマガジンとしてソトコトを創刊した人物です。

藤原さん自身は、それ以上の知識はない状態でしたが、プロポーザルまでに時間がない中で、まずはとにかくアポイントをとり、慌ただしく上京。東京・築地にある木楽舎のオフィスで、小黒さんに面会して趣旨を説明しながら、協力を求めました。

聞き終えたかどうかのタイミングで、小黒さんはあっさり言いました。「それなら俺より、いまの編集長の方がいいよ」。ソトコトの編集長は、小黒さんから二代目の人に変わっていたのです。その人こそ、指出さんでした。

「絶対にこの人がいい」

小黒さんはすぐに指出さんを呼びました。そして、部屋に入ってきた指出さんを一目見て、藤原さんは「お洒落でカッコいい」と好感を持ちました。

ビジュアルだけではなく、話をしてみると、同じような方向に向かっていること、藤原さんたちが漠然と思っていたことを、よどみなくきれいにわかりやすく言葉として表現する力に圧倒されたのです。「絶対にこの人がいい」。

特に心に響いたキーワードが、社会や地域、環境をよりよくしていこうという行動や仕組みを広く意味する、ソーシャル。それまではソーシャルといえば、生活に困っている人に問題解決のための援助を提供する専門職であるソーシャルワーカーに代表されるように、福祉分野の言葉として、もしくは、社会の信頼関係を指す概念として流通しているソーシャルキャピタルという言葉としてしか知りませんでした。

それを、指出さんは、人のありようとしてソーシャルという言葉を使っていました。これまで地域づくりの事業に携わってはきましたが、今回の事業はこれまでの延長線では考えたくない、違うアプローチをしたいと強く思っていた藤原さんに、指出さんが言うところのソーシャルはとてもぴったりきたのです。

ちょうどソトコトという媒体も方針を変えてフルモデルチェンジをしたばかりという、いいタイミングだとも感じました。「指出さんに講師に入ってもらって、ぜひ受講生にこのソーシャルの話をしてください」。藤原さんの依頼に対し、指出さんも「やります」と力強く答えてくれました。

実は、ソトコト以外に、強力な候補がないこともなかったのです。2009年に開講した「丸の内朝大学」。東京の大手町・丸の内・有楽町エリア全体をキャンパスとして環境配慮型の定着を目指す市民大学です。平日毎朝7時台から開講しています。

島根県が2011年秋、古事記※に縁の深い島根の歴史を学びながら実際に島根を旅するという講座「ソウルトラベルクラス第三章～フィールドワークは出雲へ！」を丸の内朝大学と共同開催しました。すでにつながりはあるため、依頼しようと思えばすることもできるという関係性。ネットワークとしては強力でした。

一方、ソトコトはこれまで地域関係の講座を展開した実績もなければ、組んだ実績もない。それでも藤原さんは思いました。「ソトコトと指出さんに賭けてみよう」。あえてゼロからの「茨の道」を選んだと言えるのかもしれません。

なにはともあれ、これまでぼんやりとしか見えていなかった講座の姿が、指出さんというアイコンを見つけ、さらにソーシャルというキ

※奈良時代の日本最古の歴史書。出雲を舞台にした神話も多く登場します。

ーワードに出会ったことで、ぐっと像を結びました。あとは自分たちがどう企画に落とし込むか。そこから再度、構想の練り直しがスタートしました。

悩んだ受講料の設定

藤原さんは、プロポーザルを出す上で、大きく3つのポイントを考えました。

・いい人材をどう集めて成立させるか
・講師をどうするか
・島根との関わり方の基本形をどうするか

1つ目は、直接的に発注元の県が求めている成果と言えます。最低限、講座の人数が集まることは不可欠な条件。成果を出していかないと、このチャレンジングな企画自体、終わってしまいかねません。

講座というのは、基本的には、受講生と講座の相性がよければ成功すると言うことができます。それだけに、どうやっていい人材を確保するかが最大のカギ。しかし、島根県の会社なので、どうしても東京での人脈は多くはありません。ここは正直に言えば、雑誌のソトコトで講座のことを紹介してもらうしかない。その読者頼みという状況ではありました。

2つ目の講師は、指出さんからOKがもらえたことで大きなヤマは越えていましたが、もう一人、島根の現場に詳しい人もいた方が良いということになり、大阪市立大学の准教授で島根の実情に詳しかった松永桂子さんにお願いすることにしました。

3つ目は、仕様書とともに県から示された事業イメージの図に象徴されていました。その事業イメージには、移住ということは書いてありません。そもそも事業のタイトルが、地域づくり人材の「候補者」を確保する、という名前であり、移住者募集事業ではないのです。

そこで、あくまで移住にふるのではなく、関心がある人に情報を届け、ネットワーク化する。そのための設計を心がけ、イメージ図として描きました。受講生や地元、東京の島根関係者、事務局も含めたネットワークと言えるかもしれません。

この他にもう1つ、こだわったのは、受講料です。結果的に設定したのは、4万円という額。普通に自分で行っても会えないような島根のプレーヤーたちに会うことができるという仕掛けをつくれば、お得感が増す。丸の内朝大学の受講料が同じような価格帯だったことも意識しました。

講座名は、島根県が示した事業イメージ図に「しまね『コトおこし』アカデミー（仮称）」とあったことを踏まえて「しまコトアカデミー」に。島根県とソトコトのコラボとあわせたWミーニングにしたいという狙いもありました。

そして、キーワードであるソーシャルを入れようと「ソーシャル人材養成講座」を副題にして、提案書は完成。２０１２年7月2日、プロポーザルに出しました。

提案書を持っていったとき、ざっと中身を見た県の担当者が意外そうに「テイストが違うものができましたね」。これまでシーズが手掛けてきた企画提案は、割と「カタイ」イメージだったが、そうではないものが出てきたという意味だと藤原さんはとらえました。それが吉と出るか凶と出るか、ドキドキしたと振り返ります。

シーズも含めて3社が手を挙げたプロポーザル。審査員による審査を経て、シーズとソトコトによるコンソーシアムが受託することが決まりました。

地域×自分を考える

2012年8月、講座の企画運営をどうするか、いよいよ具体的に進めていかなくてはいけない時期になりました。大枠は藤原さんがつくりましたが、もっと細かい講座の1回1回の設計を担当したのが、当時シーズに勤めていた佐々木晶子さんでした。

佐々木さんは、仙台市生まれで、東京の国際基督教大学（ICU）からスウェーデン王立工科大学大学院に進学したという珍しい経歴の持ち主です。ストックホルムからインターネットで調べてシーズの採用求人を見つけ、面接を受けに来たのです。とても優秀で満場一致で採用が決定、この事業の担当につくことになりました。

実は、シーズの提案書がやわらかく変わったのも、藤原さんが「これまでのシーズの形を壊していい。佐々木さんの感性で伝わるように変えてほしい」と提案書の仕上げを佐々木さんに任せたことも大きかったのです。佐々木さんは、講座の流れを次のように考えました。

〈1~3回目まで〉グループワークと講師からの講座インプットをセットで。島根出身者以外も島根のことがわかる状態にする。4回目となるインターンシップ前はそれぞれの地域のメンターから、インターン先について学ぶことでテーマを持つのが目標。

〈4回目〉インターンに出掛ける。

〈5回目〉インターンの報告会、個人作業、プラン発表準備など自分の作業にフォーカス。あえて個人作業だけにせず、グループ発表をして、グループからのフィードバックを得る。

〈第6回〉しまコトプランを発表する。

最終回のしまコトプランに向けて、受講生が考えをまとめるためのワーキングシートをつくりました。藤原さんと二人であーでもないこうでもないと話し合いながら、藤原さんの考えを形にしていく作業だったと言います。

このすべてのシートが埋まるのが最終目標であり、これこそがしまコトプランになると言えます。地域の課題と、自分が重なることが意識されており、このシートを考えることで、地域の役に立つ＝ソーシャルが自然に実現するという設計です。

もう1つ大事にしたのは、プランの実現性はあまり問わないということでした。「プランが本当にできるかは問わないことで、肩の荷が降りますよね」と佐々木さん。

それよりは、受講生同士で評価し合うことに重きを置く。一般的にビジネスプランは事業としての現実的な採算を詰めて考えますが、しまコトアカデミーでは排除しました。

しまコトアカデミーをきっかけに島根とソーシャルに関わる方法を考えてもらいたいという思いはありますが、いますぐではなくてもかまわない。自分の中での気づき、将来こんなことができたらいいな、夢をつくってもらいたい、というのがイメージです。

加えて参考にしていたのが「バックキャスト」※という考え方でした。未来を予測するうえで、目標となるような状態・状況を想定し、そこから現在に立ち戻って「やるべきこと」を考えるやり方です。

そのほか、なるべくリラックスした雰囲気の中で対話を重視するワールドカフェ形式や、テーマを中心に線をつなげていくマインドマップという方法、また、ＫＪ法という付箋を貼り、グルーピングしていく方法を活用することにしました。ポイントは考えて貼って終わりではなく、そこから何が見えてくるか、他の人の意見と融合してもう一段先の答えが出ることです。つなげることで生じたグループ独自のアイデアを出して、気づきが生まれるようにしました。

これらの手法は、佐々木さんが大学時代やシーズで学んでいたことが生きました。その後、シーズを卒業し、いまは東京で働いている

※地球温暖化などの環境問題解決に役立つ手法として注目されており、日本では東北大学大学院環境科学研究科元・教授の石田秀輝さんが先駆者として知られている。

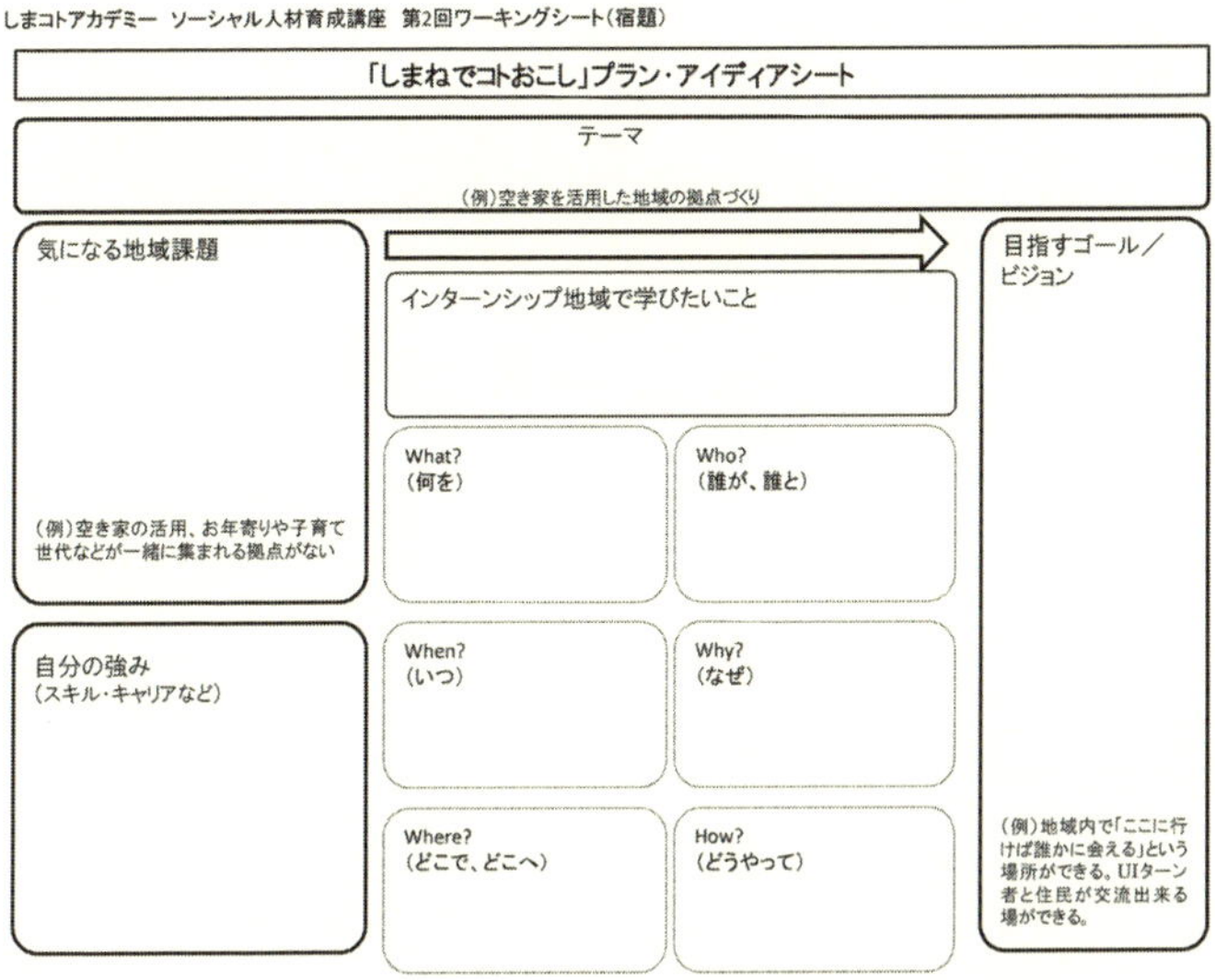
しまコトアカデミー ソーシャル人材育成講座 第2回ワーキングシート（宿題）

「しまねでコトおこし」プラン・アイディアシート

テーマ

（例）空き家を活用した地域の拠点づくり

気になる地域課題

（例）空き家の活用、お年寄りや子育て世代などが一緒に集まれる拠点がない

自分の強み
（スキル・キャリアなど）

インターンシップ地域で学びたいこと

What?
（何を）

Who?
（誰が、誰と）

When?
（いつ）

Why?
（なぜ）

Where?
（どこで、どこへ）

How?
（どうやって）

目指すゴール／ビジョン

（例）地域内で「ここに行けば誰かに会える」という場所ができる。UIターン者と住民が交流出来る場ができる。

佐々木さんは「特殊なことをやってきたわけではないですが、1期目の早い段階でワークシートをつくっていたのがよかったのでは」と振り返ります。

ワークシートは、藤原さんと佐々木さんがつくったものをたたき台に、指出さんと改良していきました。その後も少しずつ改良はしているものの、大きな変更点はそれほどなく、このときの枠組みが基本的に生きています。

集客に苦戦

しかし、1期目は試行錯誤の連続でした。藤原さんも、内容そのものは佐々木さんと考えたこともあり、不安視してなかったとはいえ、最大の難関は入り口の受講生集め。

受講生を集める上でまず直面したのが、この講座を説明するのがとても難しい、ということでした。島根県による東京での地域づくり講座、と言っても伝わりにくい。なぜ島根県が、なぜ東京で、なぜ地域づくり講座を？　分かってもらえることはまれでした。

藤原さん曰く、「しまコトアカデミーは『要説明商品』なんです。例えばティーバッグなら説明しなくてもそれが何であるか、どう使えばいいかがわかりますが、しまコトアカデミーは説明しないと意味が分からないんです」。

そこで、少人数を対象にした説明会を企画しました。少人数というより、むしろ個別に説明するくらいのイメージと言った方がいいかもしれません。ソトコトと組むということを印象付けたかったこともあり、指出さんに登壇をお願いし、東京・築地にあるソトコト編集部のミーティング用の部屋を借りることにしました。

しまコトアカデミーのターゲットであり、説明会のターゲットでもあるのは、島根県に関心があったり、ソーシャルビジネスやコミュニティビジネス、まちづくりに関心があったりするような20代～30代で、学生も含むイメージです。

しかし、東京でどうやってアプローチしていけばいいのか、誰に向かってどんな情報を出せば良いのか、実はまったく見えませんでした。編集長の指出さんが来てくれたのに人が集まってない、というわけにはいかない……！　焦りばかりが募りました。

しまコトアカデミーのフェイスブックアカウントもつくり、使い始めましたが、まだ見てくれる人は多くありませんでした。ソトコトでの記事や広告はもちろん、新しい形で個人が学べる場をつくっていた「自由大学」、指出さんが審査員を務めていたETIC.、地域や移住に関心がある人向けの媒体である雑誌『TURNS』、島根県のアンテナショップ。思いつく限りのところにフライヤーを置かせてもらい、考えつく限りの手を打って協力をもらいましたが、残念ながら、目に見えた効果は実感できませんでした。

紙媒体だけでは、しまコトアカデミーの内容や目指しているものを伝えることができなかったからだと考えられました。そこで、佐々木さんが「友だちを動員します」と立ち上がります。ICU時代からの個人的なつながりを駆使。佐々木さんの友だちが集まった人のなんと3分の1を占めました。

そのほか、指出さんやソトコトの山本梓さんのフェイスブックページを見て興味を持ってくれた人。そして島根県庁のつてを頼ったことから島根県出身者も多くいました。

「あなたがいる」

説明会当日。集まった参加者は「移住しなきゃいけないのかな?」「もしかしてノルマとかある?」。おびえ気味とも言える雰囲気が漂っていました。

そこで、指出さんと説明に立った当時の島根県庁しまね暮らし推進課の担当者である田中徹さんは、明言しました。移住をする、勧めるための仕組みではないこと。もちろん地域課題を解決してくれる人に来てもらえたら最高だけど、それよりも自分と島根のつながりを見つけようという第一段階の場であること。そこまですぐには移住できない人とつながるための企画であること……。

丁寧に説明しましたが、やっぱりもやもやしているような空気は取りのぞけないでいました。ハラハラして見ていた藤原さんが「あ、みんなの心に刺さったな」と感じた、1つの場面がありました。田中徹さんによる説明資料のパワーポイントです。

東京の人口と、島根県の人口をそれぞれ分母に、分子に1を置いた分数が書かれていました。徹さんが語りかけます。「この2つを比較して、人口が多い方を都会だと言っていますが、『あなた』という分子を置くと、1人の重みが変わりますよね」。

$$712{,}336 < 13{,}212{,}226$$

$$\frac{1}{712{,}336} > \frac{1}{13{,}212{,}226}$$

藤原さんは、参加者の顔が上がり、映し出された画面に一気に視線が集中する空気を感じました。きっと参加者にとって、自分ごとになった瞬間。「1が自分に見え、いま都会にいて匿名性の中にしかいない自分が変わるかもしれない、と思ってもらえたような気がしました」。一人ひとりの役割の大きさが可視化されたと言い換えてもいいのかもしれません。

結果的に、すぐに移住しようとは思わないまでも、地域やしまコトアカデミーに関心を持ってもらうという点では、手応えを感じた説明会となりました。

実際、佐々木さんの付き合いで来てくれたICUの卒業生たちは、しまコトアカデミーの受講を無理強いしていないにもかかわらず、お世辞ではなく「すごく面白そう」と言って受講を決めてくれました。

しまコトアカデミー1期は、説明会に来てくれた人が中心となり、定員15人よりは少ないまでも12人でなんとかスタートすることができました。

いわゆる〝地域活性化〟への違和感

その後、期ごとに多少の改善は積み重ねながらも大きな枠組みの変更はありませんでした。そして全6期83人が受講。「何を大切にして運営してきましたか？」。質問した際、藤原さんは、今回の事業はこれまでの延長線での地域活性化では考えたくない、違うアプローチをしたいと強く思っていたと、いつもより熱っぽく語り始めました。

これまでのいわゆる〝地域活性化〟には、違和感を感じていたのだと言います。なぜなのかを知るためにも、シーズの成り立ちまで少し時計の針を戻したいと思います。

たたら製鉄※で知られる島根県吉田村（現・雲南市吉田町）で生まれ育った藤原さん。島根と広島県境の山間にある小さな村です。父親の藤原洋さんが吉田村の役場の職員として、行政改革や「たたら製鉄遺産」の保存・公開・再評価事業推進といった地域づくりに関わっていたこともあり、藤原さん自身も大学生のころから企画書づくりや映画制作などの手伝いをしていました。その中で、地域への興味は高まっ

※日本古来の製鉄法。日本独特の製鉄法で、千年以上の歴史を持っています。

ていったと言います。

しかし、父親の強烈な個性やリーダーシップは、田舎では「異分子」として扱われることも少なくなく、からかいやいじめの対象になることも、経験していました。地域には興味はあるものの、地元では働きたくない。

就職先は『Theまちづくり View』など自治や行政関係の書物を発行していた東京の出版社・『第一法規』を選びました。学生時代に親しくなった東京のジャーナリストから「最初から帰ってもダメだ。修行しろ」と言われていたことにも背中を押されました。しかし、2年ほど勤めた後、Uターン。あれほど嫌だと思っていた地元に帰るのを決断させたものは何だったのでしょうか。

それは、当時の地元が面白くなっている、という実感でした。

1つは、元島根県知事の恒松制治氏が1975年から展開していた「新島根方式」と呼ばれる農業振興対策事業。1集落、あるいは数集落を1つの単位として、集落ぐるみで自分たちの地域をどうするか話し合うものです。集落ぐるみで土地・機械・施設・労働力の有効活用、高収益作物の導入や担い手の育成等を目指した「集落営農」が数多く誕生しました。

新島根方式は、大分県の知事が提唱した「一村一品運動」と並んで全国的に注目され、ジャーナリストの嶌信彦氏が取材して書籍化されたほどでした。全国各地で地域を引っ張る人たちの顔が見えました。型破りな行政職員ががんばって地域を引っ張っていく。そういうパターンも多く見られたのです。

島根県内では藤原さんの地元・吉田村でのたたらを生かした取り組みが盛り上がり、父親の藤原洋さんが「鉄の歴史村」を中心的に立ち上げたこともあって、鉄や神話をテーマとしたシンポジウムが開催されていました。著名な人類学者の中沢新一さんや、美術家の横尾忠則さんと一緒に取り組むプロジェクトでした。

そのころちょうど、父親が役場を退職し、広島に本社があるコンサルタントの支社を島根県で立ち上げることが決まりました。「手伝いに帰れ」と言われた藤原さん。「憧れだった中沢さんや横尾さんと一緒にできる世界なんてどこにもない。この仕事をしないと。ここでやらないとできない」と強く思い、Uターンしてきたのです。

実は、そのときの仲間の1人が、この章の冒頭に登場した木楽舎の小黒さんでもありました。アフリカでホテル※を持っていた小黒さんは「このホテルで一回働かせた方が面白い」と言い放ち、なんと、藤原さんの弟・祐介さんが実際に働いた経験があるという、そんな不思議など縁があったのです。

Uターンから7年が過ぎた1999年、藤原さんは父親とともにシーズ総合政策研究所を創業しました。これまでのたたら製鉄の遺構や文化の記憶を保存・公開する仕組みをつくった「鉄の歴史村づくり」の取り組みを踏まえ、基本戦略は、まず地域のブランド価値を高め、交流を通じて消費者を拡大、地域産品に付加価値をつけ、地域文化と経済活動を橋渡ししようとするものでした。そうした地域の資源を戦略的に生かしていくための人材集団を創ろうという理念が、シーズという会社の根本になっています。

※1992年、ケニアのマサイマラ国立保護区にリゾートホテル「ムパタ・サファリ・クラブ」を開設しました。

チャレンジの場としての地域

その後、シーズは島根県の学生が魅力ある地元の企業や団体で課題を見つけ、その解決に取り組むインターンシップ事業や経済産業省の事業のほか、熊本県や岐阜県など他県も含めて地域づくりに関わってきました。「基本は地方のシンクタンク事業ですね」と藤原さん。

２０１０年度からの３年間は島根県の「地域づくり支援人材派遣事業」を受託し、運営してきました。市町村合併が進んだことで、地域づくりの活動団体を行政だけで支えきれなくなってきているという課題を踏まえ、中間支援的な人材を育てることが狙い。具体的には地域おこし協力隊からヒアリングをして問題抽出しながら、研修プログラムやインターンシップ事業のコーディネートなどをしていました。

これらの事業や佐々木さんの存在を通じて、藤原さんが思いを強めたのは、これまでの地域づくり文脈とは異なる人たちが地域に関心を持ち始めているということでした。

例えば、ＩＣＵとスウェーデンで学んだ佐々木さんが島根のシーズに就職したのは、発展途上国での支援がうまくいかないという課題がある中で、条件不利地域との関わり方とはどうあるべきなのか、日本の過疎先進地である島根ではいったい何が起きているのか、ということに興味を持ったことが理由でした。3年間シーズにいる間に自主研究としてインドネシアにフィールドワークに行き、展開されている調査や技術移転ノウハウについて取材したほか、大分県や徳島県の上勝町、島根県をフィールドに研究を進めていました。

藤原さんは「明らかに自分がこれまで先輩から学び、過疎対策とはこうだと教えられてきたものとはかなり違う人が関心を持ち始めている」と確信を深めていったのです。

これまでの地域活性化策は、新島根方式の時代に見られたように、①主に行政の職員が主導し、地域づくりのミッションに燃えて困難に打ち勝つ精神力、リーダーシップのある人がやっていかないと難しい、という話か、②北海道のニセコのように制度化しないと動かない、というものか、2つの方向性に分かれていたと感じていました。共通していたのは、言ってしまえば「ハードルの高さ」です。

外部の専門家が地域に入ってきたとしても「地域づくりは大変だけども、意識を高く持って克服しないと、地域がなくなってしまう」といった危機意識が前面に出ているような形で、地域づくりの動機づけがとにかく危機感に基づいているという印象でした。

しかし、藤原さんが出会った佐々木さんや地域おこし協力隊の人たちは、違いました。海外を経験し、地方をチャレンジの場としてとらえている。過去のあり方を否定するわけではありませんが、地域づくりを危機感ではなく日常のリアルとして関わっていけるような雰囲気が生まれているのではないか――。

さらに、当時の地域活性化では「内発的発展論※」に代表されるように、外部に対する内部という要素が分かれていて、地域の外と内を対立したものとしてとらえてしまいがちでした。外と内の両者を違うものとしてどうアプローチしていくか、という考えが主流。地元の人のみが「地域活性化を担える」、もっと言えば「担う資格を持っている」という文脈が強くなり、外の人を排除してしまうこともありました。

その土地に生まれ育っている権利を、そんなに主張するべきなのだ

※外からの技術支援や資金援助に頼って近代化を目指す開発ではなく、地域住民自らがコミュニティを通じた主体的な合意形成を経て、自らの手で問題を解決し、地域発展を目指すような発展。

ろうか。これまでとは違い、チャレンジしたい、関わりたいという新しい人たちがいるのなら、もっと手伝ってもらったら良いのではないか。土地に必ずしも縛られない、志や思いが共有できるコミュニティをつくることができないだろうか。

藤原さんは、ずっと思いを抱えていたのです。これこそが、先述したこれまでの地域活性化への違和感であり、関係人口をつくる上で大切な考え方でもありました。

実際、地域おこし協力隊やシーズの佐々木さんは、地域がなくなるといった危機意識ではなく、都市では充足できない、都市のオルタナティブとしての地方の姿をとらえていました。

そんなときにちょうど、これまでと違う視点を持ったしまコトアカデミーのプロポーザルが出ました。都市とは違う価値軸があるということを示す講座としてぜひやってみたいとワクワクしたのです。決して一朝一夕に出てきたものではありませんでした。

そして、藤原さんの問題意識に合うのは、従来とは異なる価値観を持つソトコト。指出さんという存在に至るのも、ある意味必然でした。藤原さんと指出さんは一致しました。

「危機感ではなく、挑戦しつづけている中に未来をつくっていけるはずだ。これまでとは違う層に働きかけないといけない。数の論理とは異なり、一人ひとりと地域の信頼関係をつくっていくことができる、地に足の付いた講座にしよう」。

結果としての移住

ただ、藤原さんは理想を掲げて始めたものの、実際にどのような反応が出てくるのか想像がつきませんでした。しかし、1期を終えてみると、離れていても島根と関わって何かしらの活動をする人が相次ぎ、予想以上の盛り上がりを見せ始めます。

しかも、島根に移住する人も出てきました。やはり移住者というのは、インパクトがあります。県の担当者も「予想以上だった」と言います。移住しなくていいと言っているにもかかわらず……です。しかも、しまコトアカデミーを経験していれば、いきなり地域で衝突を起こして出ていくようなことはありません。しまコトアカデミーは、だんだんと地域に関わっていくための、東京での準備体操であるという認識が広がっていきました。

2期以降も、流れは続きます。1期生の友人や口コミで評判が広がり、その後は1期ほど苦労することなく、受講生が集まるようになりました。

藤原さんはあらためて、感じています。「こんなに移住したり、地域に関わる活動をしたりする人が出る講座だとは思っていなかった」。確かに移住していく人もいますが、最初から移住を目指しているというより、自分の生き方を考える中で、地域と関係を結ぶようになり、どんどん距離が縮まっていき、そして移住につながる。これは、結果としての移住というあり方です。

盛り上がりを生んでいる大きな要素の1つが、途中に組み込まれているインターンシップであり、メンターを担当している三浦大紀さんです。三浦さんが話せば、みんなその気になる――。受講生の間では「三浦マジック」なんてささやかれているほどです。それでは、三浦さんの話に移りましょう。

シーズ総合政策研究所 社長
藤原 啓さん

第六章

メンター　三浦大紀さん
人をつなげる魔法

しまコトアカデミーのメンター。講座で島根のことを受講生にプレゼンするだけではなく、交流会などで積極的に受講生のなかに入っていき、そこで、受講生の道しるべになるような一言をかけたり、その人に合ったいいインターンシップ先を見極めたりします。

現在、メンターを務めている三浦大紀さんは、30代でまだ若いですが、ソトコト編集長の指出さんが「僕にとって、ローカルという価値観の最大のメンター」と口にする人物。受講生と島根の人を絶妙につないでいく。それは、「三浦マジック」と言われることもあります。

こんなに称賛される三浦さんって、逆に、なんだかうさんくさいと思われたのではないか、気になりますが……三浦さんの魔法とは何なのか、受講生の変化と、三浦さんが中心的に担当するしまコトアカデミーのインターンシップの様子からまずは紹介したいと思います。

出身ではないけど力になりたい

第三章の関係人口10連発で登場した、島根に何度も通っているしまコトアカデミー5期生の中島さん。中島さんは、神奈川県横浜市で育ちました。ただ、横浜市の中でも引っ越しや転校を繰り返したこともあって「横浜は好きだけど、ふるさと感はない」。

東京の服飾専門学校を卒業し、東京のアパレル会社にデザイナーとして就職しました。担当ブランドのテイストは、上質でデザインはシンプル、無駄をそぎ落とし、着心地が良い服。仕事は忙しく、残業で夜遅く終電に乗って帰る日々でしたが、憧れの業界で好きな仕事ができることが喜びで、無我夢中で突っ走ってきました。

ある日、鮮やかな青色をした飯碗に一目惚れして、購入しました。大きめのサイズ感と質感、そして厚めのフォルム。島根県出雲市にある出西窯《しゅっさいがま》の飯碗でした。現地に行ってみたいと願うようになり、強行島根旅に出掛けました。

出雲そばの食堂で相席になった女性に東京から来たこと、出西窯に行くことを話すと、車で送ってくれると言います。東京では、いきなり会った他人が車で送ってくれるなんてことはありえません。思わず断ったのですが、食事をご馳走してくれました。過去に経験がないことでした。初めての一人旅、寂しさも感じず、人の温かさ、おもてなし、魅力を感じ、すっかり島根ファンになったのです。

一方、年を重ねていく中で、今後の人生をどう過ごすか考えるようになりました。興味のあった食や農業に関する仕事をしてみたいと思い立ち、東京で開催されていた地方や農業関係のイベントに顔を出しました。そこで偶然知ったのが、しまコトアカデミー。ファンになっていた島根の講座ということもあって、2016年度の第5期に申し込みました。

インターンシップでは、島根県東部地域を選び、有機農業やエゴマをつくっている農園を回りました。中でも、宿泊先の1つでオーガニックコットンをつくっている、島根県奥出雲町の「囲炉裏サロン田樂《だらく》荘《そう》」が気に入りました。

何より、インターンシップで一番驚いたことが、人々の「地元愛」。地元愛が強くて、なんとかしたい、盛り上げたいという思いをひしひしと感じたのでした。「私には地元はあるけど、横浜のために何かしたいとか、何かしなきゃという考えを持ったことがなかった……」。

会ぅ人会ぅ人、同じでした。海外も経験して、島根の良さに気付いたという奥出雲町在住のある女性は、「地元を盛り上げたい」と熱っぽく語っていました。そうして地域を盛り上げたいと思っている人と、夜の交流会でぐっと距離が縮まる。「自分は出身者ではないし、離れているけど、力になれるならなりたい」。東京で培ったスキルを生かし、カッコいい農業ワークウェアを作るというしまコトプランが固まりました。

その後、インターンシップに同行していたしまコトアカデミー2期生の原早紀子さんと田樂荘を再訪。実際に田んぼに行って手伝ったり、奥出雲オーガニックコットンプロジェクトの畑も見せてもらったり。島根の暮らしと農、そして人に惚れ込み、繰り返し通うようになりました。

人を動かすのは人である

中島さんと一緒に奥出雲町を再訪した、しまコトアカデミー2期生の原早紀子さん。原さんの転機もまた、インターンシップでした。

島根県安来《やすぎ》市で生まれ育った原さんは、愛媛大学を卒業後に上京し、『リクルートホールディングス』に就職。「特にやりたいこともなかったんですが、やっぱり東京に行きたくて」と振り返ります。その後もアパレルや企画会社などを経験。服や靴などのファッションに興味があったということもあり、流行の最先端がある東京から離れることは考えていませんでした。もっと言えば、「たいしたところじゃない」と思っていたふるさと島根に帰るなんてことは、まったく考えていなかったのです。

そんな原さんでしたが、東京で知り合った島根出身者の交流会に顔を出す中で、しまコトアカデミーの存在を知ります。「そう言えば、最近のふるさとがどうなっているのか、まったくわからないし、ちょっと顔でも出してみようか」。2013年、気軽な気持ちで受講を決めました。

いろんな人が講師として来る中で、自分がいたころより島根が変わってきていることを感じ「へーそうなんだ」と少しずつふるさとの印象が変わってきました。衝撃的だったのが、インターンシップで訪れた益田市にあるデザイン会社「益田工房」。

コンクリート打ちっ放しの圧倒的にお洒落なオフィスに飾られている、圧倒的にお洒落なデザインのポスターなどの制作物。さらに、オーナーの男性が、実は家業を継ぐために嫌々、Uターンして、そこからこの益田工房を立ち上げたというのです。最初は嫌々でも、いまは、同級生が社員となり、一緒に面白く働いています。

原さんは、初めて「島根って悪くない」と実感しました。益田工房を実際に訪ね、オーナーに会ったことで心が動いたのです。

しまコトアカデミー関連のイベントで知り合った島根の知人から、『ふるさと島根定住財団』の中途採用を募集していることを聞き、転職の一環のような気持ちで受けたところ合格。２０１４年春、島根にUターンしてきました。

しまコトアカデミーを受講していなかったら、子どものころの印象のまま、島根はたいしたことがない、あまり面白くない、と思ったままで、就職して働く先の選択肢に入っていなかったと言います。

中島さんも原さんも、結局のところ、インターンシップで、島根で生きる人に会ったことが大きかったと考えられます。「人を動かすのは人である」と言えるのかもしれません。そしてこれこそが、魔法の源泉であると。

インターンコーディネートに必要な3つの力

原さんのインターンシップを組んだ理由を、三浦さんは「オシャレな原さんの価値観を見ていて、ビジュアルとして『原的にイケてる』というものがあることは感じていました。益田工房のオフィスに行けば、田舎にもこんなレベルのカッコいい、いいものがあるじゃん、できないことはないよねって。きっと刺さる、と思っていました」。

ずばり、狙い通り。しまコトアカデミーのインターンシップの特徴は、オーダーメイド方式をとっていることです。受講生一人ひとりの興味や、インターンで見たいものは違います。ワークショップのなかで何に関心があるか聞いたり、ワーキングシートを読んだりして、必要であれば別行動も用意します。訪れる地域は、県の東部、西部、隠岐ですが、実際にはもっと細かいパターンの別日程ができることになるのです。

三浦さんは、しまコトアカデミーの1回目から3回目で、相手が何を求めているのか聞き、具体的な場所を提案しながら反応を見ます。「例えば農業に関心がある、と言われた場合、なんでこの人は農業に関心があるのか、どんな農業に関心があるのか、相手を見ながら聞きながら、ネタ出しをしながら、ここに関心があるなら農業の現場じゃなくて、こういう人に会ってみるといい、と考えていきます。あと、なんで、いま移住したいと思っているのか、何にモヤモヤしているのかも徹底して聞きます。仕事に疲れている、ということが根っこにある場合、それは移住したいというのとは違いますよね。それで誰かを紹介しても結果的にアンハッピーになってしまいます」。

事務局にも希望やリクエストを出すルートがあります。そのリクエストと照らし合わせて、二泊三日の行程の中で実現できるように、移動時間も加味しながら導線をひいていきます。その後、現地との細かい調整やアポイントは現地コーディネーターに引き継ぎます。

つまり、一口でインターンをコーディネートすると言っても、①もともとの情報の引き出しの多さ、②人に合った場所を見抜き、聞き出す力、そして、③二泊三日の中でプランとしてまとめる力。3つのスキルが求められており、それをバランス良く持っていなければ、満足してもらえるインターンにはなりません。

「インターンって何のためだと思いますか」と語り始めた三浦さん。受講生にとっては、1回目から3回目の座学でインプットされたものを確認しに行くことになります。そこで目指しているのは、知りたいことのニュアンスを確信に変えるということ。「一見は一体験にしかず」。そして、解ではなく問いを与えることなのだと言います。

シーズの藤原さんも講座のポイントとしてのインターンシップの大きさに触れ、「受講生はインターンシップ後も、島根との関わりが続いていています。たった数時間の出会いだけど、何年にも及ぶのは、三浦さんを媒介者にして、出会いたい方に会いに行って、お互いにわかり合うという時間になっているから」と感じています。

面白いことは掛け合わせでできる

しまコトアカデミーで三浦さんが果たしている役割は、インターンのコーディネートだけではありません。受講生のプランのヒントになっていることも少なくないのです。先ほど登場した、農業ワークウェアの中島さんは、「三浦さんに言われたことが、しまコトプランにつながったんです」と明かします。

しまコトアカデミーの3回目でのグループワーク。中島さんは、今後、食や農業に携わりたいと考えたときに、ずっと取り組んできたアパレルの仕事は農業の仕事とまったく違うから生かせない、無縁だと思っていました。これまで積んできたスキルは捨てて、イチから出直すしかないな……。

そう考えていた中島さんに、三浦さんは「そうじゃないよ」と答えたそうです。

三浦：そうじゃないよ。新しいことを考えるなら、ピボットすればいい。農業×何かで考えたらいい。掛けあわせることで新しい面白いことが出てくる。中島さんは何の仕事してるの？
中島：アパレルのデザイナーです。
三浦：そっか、農業×ファッション。いいじゃん！

そう言われた中島さんも「なるほど、さすがメンター！」と納得。これまでその2つは結び付けて考えたことがなかったそうですが、急に視界が開けてきて「これならできるかも」とワクワクしてきたそうです。コミュニティ機能を持ったカフェやゲストハウスもしてみたいと思っていましたが、掛け合わせで新たなコトが生まれるという気付きを教えてもらったことは力になりました。
ピボットというバスケットボールの用語が出てくるところが、バスケットをしていた三浦さんらしいかもしれません。ピボットとは、片足を軸足にして動かさず、もう片足を動かしながらボールキープをするプレー技術を指す言葉。英語でも回転軸を指し、方向転換や路線変更を意味する言葉としても使われています。中島さんだけではありません。

「ハツモノ！倶楽部」を主催する山尾さん。もともと縁のあった青森県の特産品、りんごを使ったアルコール飲料「シードル」を味わってもらうイベントを東京都内で開催し、好評を得ていました。

「地域と東京をつなぐことにニーズがあることは感じていたけれど、地域と東京をつなぐと表現しただけでは、同じようなことをしている人や、地域のおいしい食材を使っているお店、イベントもたくさんある。自分らしい切り口はないだろうか……」

そんなことを考えているときに、ちょうどグループワークで三浦さんと議論する機会がありました。そこで、地域のおいしい食材の中でも「初物」という言葉が出たことがヒントの一つになったのです。

「無理に新しいものを考え出そうとしていたが、いま自分がやっていることをフィーチャーしたらいいのだと気付かせてもらった」と山尾さんは語ります。

懇親会にフル参加

三浦さんはなぜ、力をつけることができたのでしょうか。現在、島根県浜田市の企画会社・シマネプロモーションの代表として、県内企業や行政機関と連携しながら、さまざまなプロジェクトに取り組んでいます。

もともと浜田市で生まれ育ち、大学進学とともに上京、世界平和を夢見て元首相の故・橋本龍太郎氏の秘書や国際ＮＧＯに勤めたりしていました。

ふと、ふるさとの島根県を見つめなおしたとき、地域をプロモーションする人がいないという問題意識を持ちました。良いものがないわけではなく、むしろ、たくさんあるのに、知られていない、伝わっていないという課題があると感じたのです。

三浦さん自身はプロモーションや企画といった職業に携わったことはありませんでした。でも、「ないなら、つくればいい」と、島根をプロモーションするというそのままの名前、シマネプロモーションの構想を持って、浜田市の隣にある江津市のビジネスプランコンテストに応募。受賞を機に、２０１１年秋にＵターン、そのコンテストを運営し、創業支援などを手掛ける江津市のＮＰＯ法人『てごねっと石見』のスタッフとして働き出しました。

三浦さんは、寂れていたＪＲ江津駅前にある江津万葉の里商店会の活性化に取り組みたいと住民から相談を受け、まず仲間づくりから始めようと、江津万葉の里商店会の若いメンバーに声を掛けて、一緒に青年部を立ち上げました。

取り組んだのは、バーのプロデュース。コミュニケーションの助けにもなればという狙いで、青年部のみんなと市の名前をかけた「52《ごうつ》Ｂａｒ」をオープンしたのです。

もともとは、20年間使われていなかった喫茶店でしたが、時代を感じさせない空間の雰囲気がありました。青年部のメンバーが力を合わせてリノベーション。バーテンも交代で務めました。人と場の力が人を呼び、新しいアイデアやつながりを生み、市内外から「52Ｂａｒに行くために江津に行く」という流れが生まれるなど、伝説の存在となりました。

特徴的だったのは、営業時間を午後6時から9時までに限定していたことです。52Ｂａｒで軽く飲んだ後、二次会は商店会にある近くの他の店に行く流れをつくるためでした。さらに、バーテンダーは、商店会の若手や三浦さんが日中の仕事を終え、交代で務めていたため、そこへの心配りもありました。三浦さんは「自分さえよければいいって考えでは、地域では生きていけないと思う。時間を限定することで、最初の1、2杯を楽しんでもらって『はい、次に行ってね』と言いやすくなる」と込めた思いを話します。

２０１４年にはシマネプロモーションを設立。事務所は築80年の屋敷をリノベーションし、コワーキングスペースも兼ねたつくりとしました。地元スーパーマーケットのブランド化を後押ししたり、地元の逸品を引き出物として詰め合わせるサービスを開発したりと、"島根にある価値を見つけ出し、発信すること"を仕事にしています。

インターンをコーディネートする際に必要な力として挙げた、①もともとの情報の引き出しが多いこと。②二泊三日の中でプランとしてまとめる力。これらは、シマネプロモーションという会社の仕事を通してできたと言えるでしょう。

その他にも、島根県内の19市町村の定住政策を一から点検するという事業を島根県から受託し、全市町村や関係団体の現状をヒアリングしたことが大きかったと三浦さんは言います。なぜ島根が面白いのかを説明するためには、島根のどんなところが面白いのか、要素を分解する必要がある。デコンストラクションと言われる、どういう要素で物事ができているのかを分解してコアを見つけるという、広告や企画のつくりかたを、シマネプロモーションの仕事で学んだそうです。

残るもう1つ、③その人に合った場所を見抜き、聞き出す力はどうやって磨いたのでしょうか。実は、国会議員秘書という裏方の地味な経験を通してです。橋本龍太郎元首相の秘書時代よりも、息子の橋本岳さんの秘書として選挙区で活動したことが大きかったと言います。

橋本岳さんは3世。父親に比べて盤石とは言えない選挙区に、三浦さんも住み込んで、選挙活動や後援会活動をしました。「いまっぽく言うと、コミュニティデザインをしたと言えるのかもしれません」と三浦さん。

地域の生態系を分析して、応援してくれているのかどうかを洗い出す。味方でなかった場合は、味方につける。この経験で人をよく見て観察し、粘り強く人の話を聞く、胆力がついたそうで、三浦さんは「これは〝秘書力〟ですね」と笑います。

しまコトアカデミーでも変わらず、相手を知る努力を怠っていません。全7回ある講座の終了後には、ほぼ毎回、有志での懇親のための飲み会が開かれます。有志なので、行くも行かないも自由。指出さんも藤原さんも毎回参加しているわけではありませんが、三浦さんは毎回すべて、出席しているのです。「講座の中では、ゆっくり話ができませんから。一度しっかり話を聞いてみないと、相手のことってわからないですよね」。

しまコトファミリーの頼れるお父さん

そんな三浦さんの人生には、しまコトアカデミーが大きく関わっています。

まずは三浦さんのオフィスが入っている築80年のお屋敷「さきや」のオーナーは、しまコトアカデミー1期生で、関係人口10連発にも二地域居住者として登場した、岡本佳子さん。二人は、実は島根県立浜田高等学校の同級生。しまコトアカデミーで再会しました。

ビルのリノベーションの会社に勤めていた岡本さんは、最終回の発表で、島根と東京をつなぎたいというしまコトプランを発表しました。浜田で何をするか決めていないけれど、とにかくUターンしたいと。三浦さんもちょうど起業したタイミングで、オフィスがほしいと思っていたときでした。

自分が借りる物件にまずは机を置いたらいいよ、というような話をしながら、浜田市内の物件を一緒に見学していました。その中で急に、岡本さんがお屋敷を発見。大きな建物でどう使うかは課題でしたが、ここで何かやりたいという彼女に逆に誘われる形で、テナントとして入居することを決めました。シマネプロモーションの事務所を置き、シェアオフィス部分にはイラストレーターなどが入っています。

岡本さんにとっても、三浦さんがテナントに入らなかったら、借りる決断はできなかったかもしれません。岡本さんは東京と島根の二地域居住をスタート。2015年には、夫を連れてUターンしてきました。自分のペースで不動産事業をするのが目標です。

「さきや」の2階部分はシェアハウスとして使っており、しまコトアカデミー3期生の女性が入居しています。三浦さんはその女性としまコトアカデミー卒業後もずっと連絡を取り、相談に乗ってきました。

こうして卒業生たちの相談に乗り、仲介し、ケアをする。実際に卒業生と一緒に仕事をすることも多く、「おせっかいなんだよね」と苦笑しますが、卒業生も含めた「しまコトファミリー」の頼れる「お父さん」的存在だと自認しています。

つくっているのは学びの場

三浦さんは、しまコトアカデミーをどうとらえているのでしょうか。1つは「学び」の場、学校と言い換えても良い場であると考えているのだそうです。

「『知る』と『学ぶ』は違うと思うんです」。知るというのは、自分自身へのインプットであり一方通行ですが、学ぶというのは、その人が考え、相手との双方向であると考えているのです。だから正解を言うわけではないし、考えてもらうことが中心。たまに、しまコトアカデミーに答えがすべてであると思って、説明会に来られる人も。その場で丁寧に説明するため、ミスマッチはあまり起こらないそうです。

では、何を学ぶ学校なのか。「人生」なのだと言います。言い換えれば、ライフスクール。人生をどう豊かに、健康にするか。そのためにはどんな仕事や働き方が必要か。地域との関係を考えていくときに、たまたま島根というフィールドを題材にしているという理解です。

しまコトアカデミーに来る人は、島根県の出身者ばかりではありません。ただ、共通しているのは、少なくとも、関心を持って自分のまちについて考えている人なのではないかと、三浦さんは考えています。考えた先にあるのが、しまコトアカデミー。

どうやったら自分のまちを学べるんだろう、考えを整理できるんだろう。その導線が引けていることが、しまコトアカデミーの魅力だと言います。こういう場がなければ、一般的な人はつい日常に紛れ、どうしても自分のまちを考えることからの離脱率が高くなってしまいます。潜在的にまちのことを考えている層が、次のステージに進める場になっているのです。

受講生の学びの場であるしまコトアカデミーは、運営側にとっても、学びの場。だから、改善の連続です。

当初、講座の回数は6回でしたが、インターンシップ後に考えをまとめるには、もう1回あった方がいいという受講生の意見を取り入れ、1回追加して7回になりました。

メンターは、三浦さん以外の人も加えた3人体制でした。3人それぞれのメンターの個性はありましたが、三浦さんが島根全域で持っている情報とネットワークを広域で生かす方が受講生にも良いだろうという判断で、一人体制となりました。

三浦さんも人が学んでいくプロセスに伴走する機会はこれまでなかったと言います。移住を考えている、仕事を考えている。三浦さんの話を聞く受講生の目には真剣さを感じます。三浦さん自身も毎年、受講している感覚です。

また、メイン講師も、1期目は、指出さん以外にもう一人いましたが、同じような理由で、指出さん一人体制となりました。

こうして指出さん、藤原さん、三浦さんという3人がチームを組み、お互いに学び合い、改善しながら、しまコトアカデミーは続いています。

プロポーザルの元ライバル

いまでは信頼し合い、チームとなっている3人ですが、実は三浦さんは、シーズの藤原さんが受注した島根県のプロポーザルに、別の人たちとチームを組んで、出ていた3社のうちの1社でした。つまり、ライバルだったのです。

当時の三浦さんは、東京からUターンし、江津市のNPO法人・てごねっと石見のスタッフになっていたころです。東京時代、親しくしていた島根出身の若手経営者の会「ネクスト島根」とてごねっと石見が手を組み、島根県のプロポーザルにエントリーしたのでした。

プロポーザルのプレゼンで初めて出会った三浦さんと藤原さん。三浦さんがプレゼンを終えた後、他のてごねっと石見のスタッフが「シーズさんは社長自ら来ている」と驚いたように言うのを聞き、初めて藤原さんのことを認識したのでした。

プロポーザルは結果的にシーズが受注。普通なら、落ちたプロポーザルの事業に参画するようなことは多くはありません。むしろ異例でしょう。それなのにいま、三浦さんはしまコトアカデミーに深く関わっています。なぜでしょうか。

ある日、三浦さんを指名して電話がかかってきました。「こういう立場でお電話するのは恐縮なのですが、しまコトアカデミーの運営にご協力いただきたいのです。参画をお願いできませんでしょうか」。シーズの藤原さんでした。

「お手伝いしますよ」と答えた三浦さん。こんな虫のいい相談、引き受けてもらえるのかと恐る恐る電話をかけた藤原さんは、「そんな……ご快諾をありがとうございます！」と喜びました。

三浦さんが快諾したワケは、その前に、ある人から「ぜひ一緒に事業をつくってほしい」という依頼の電話を受けていたからでした。その相手こそ、島根県しまね暮らし推進課の田中徹さん。第五章の藤原さんのところでも登場した、しまコトアカデミーの生みの親です。

シマネプロモーション 代表
三浦大紀さん

第七章

主催　島根県
"過疎先進県"の意地

第四章から六章まで、関係人口をつくる窓口＝「関係案内所」であるしまコトアカデミーをつくっている人たちを見てきました。第七章では、そのしまコトアカデミーがなぜ、どうやって生まれたのか、その物語を見ていきたいと思います。舞台は、国宝松江城の隣にある島根県庁4階、しまね暮らし推進課。しまコトアカデミーを思いついた人は、当時、その課の主任を務めていました。田中徹さんです。

不幸な移住ミスマッチ

田中徹さんは、島根県出雲市生まれ。1997年、島根県庁に入りました。長男であったことから「いつか帰らないといけない」という義務感でUターンし、特に島根が好きだとか面白いとか、そういうポジティブな気持ちはほとんど持ち合わせていなかったと言います。

そんな田中さんの転機になったのが、東京にある『移住・交流推進機構（JOIN）』への出向でした。官民共同組織で一度は働いてみたいという思いがあり、手を挙げて、2009年、JOINに席を置いて働き始めました。

そこで感じたのは、民間企業や都市住民の目が、地方に向いているということでした。ＪＯＩＮは、移住交流のためのサイトを運営しています。そのアクセス件数が日々伸びていたのです。全国各地の自治体が移住交流の事業を始めており、民間でもビジネスの芽が生まれていたほか、実際に移住する人も出始めていました。続いて立ち上げた地域おこし協力隊のサイトのアクセスも、同様に伸びていました。

インターネットだけではなく、リアルでもその現場を目の当たりにしました。２０１０年、ＥＴＩＣ．が東京・赤坂の日本財団で開催した地域での起業をテーマにした集まり。

次々とＮＰＯが出てきては、活動内容を発表していました。島根からは、江津市のＮＰＯ法人・てごねっと石見などが参加。耳を傾けていたのは若い世代で、しかも１００人以上もいます。幕が閉じて休憩に入ったとき、若い世代の人たちが熱心に地方のことや社会のことを話し合っていました。「俺も燃えてきた」「何かできるんじゃないか」。

その熱さに驚きながら「ここにいたのか！　本当にいたんだ！」

と、田中さん自身もふつふつと燃えてきたのです。

ＪＯＩＮでは移住やＵＩターンの仕事をしていましたが、当時は主にＵＩターンのターゲットは、中高年。団塊の世代の、退職後の地方移住などが注目されていました。しかし、そうではない。若い世代が地方のことを考えている。Ｕターンしたころの自分と比べ、衝撃を受けました。

これからは若者をターゲットにしたＵＩターンの施策に取り組み、若者を島根とつなげてみたら、面白いんじゃないか。実際に国の方でも、２００９年から地域おこし協力隊が始まったこともあり、同じような流れだと意識していました。

ＪＯＩＮでの2年の任期を終えて、２０１１年、島根県庁に復帰。配属先がしまね暮らし推進課で、まさに取り組みたかった地域づくりやＵＩターン支援に取り組むことになったのです。

直接の担当になったのは、地域おこし協力隊と、ＵＩターン事業の見直し。全19市町村が取り組んでいた事業を総点検する過程で、市町村の担当者に聞いてみたところ、みんな声をそろえました。「若い世代の移住がほしい」。

東京時代の経験で、地方に関心がある若い世代がいると確信を持っていたこともあり、ターゲットを主流だった中高年から、若い世代へと舵を切ってはどうかと投げかけ、思い切って若い世代のＵＩターンや起業を応援することにしました。

一方で感じていたのが、ＵＩターンのハードルの高さです。移住、そして定住が最終のゴールであるということは理解していましたが、もう少し手前、軽い感じで関係するという仕組みがあってもいいのではないか、という想いはぬぐえませんでした。

当時、産業体験という移住・定住を希望する人向けのお試しの事業がありましたが、ゴールはどこまでいっても定住であり、二地域居住をはじめとした、たまに島根に来たい、関わりたいというような人たちのニーズを取り込めていないと感じていたのです。

東京時代に、島根出身者の集まりやＵＩターンフェアに顔を出す中で、「いつかは帰りたいけど、まだいまじゃないんです。でも何か、島根に関わりたい。役に立てることがありませんか」と言われることもありました。

「すぐに移住しなくても、何かで関わっていれば、そのうち移住できる人もいる。ゆるやかにつながってもらって、行ったり来たりしてもらえるといいのでは」という問題意識が膨らんでいたのです。

さらに田中さんが課題意識を深める大きな〝事件〟がありました。島根県は全国でもいち早く、２００９年から地域おこし協力隊を導入しており、２０１１年当時は36人が着任。その研修を行ったときのことです。ちなみに研修を受け持っていたのがシーズ総合政策研究所でした。

研修では、地域おこし協力隊員と市町村の担当課の人が集まり、全体で講師を呼んで講演を聞いた後、できるだけ本音を出してもらった方がいいという狙いで、担当者と協力隊の部屋を分け、それぞれ本音ベースで現状や思いを語り合ってもらいました。

まだ協力隊制度も始まったばかりということもあり、市町村によって受け入れ体制はバラバラ。受け入れるために空き家をきちんとリフォームして迎えている町もあれば、ほとんどそのまま引き渡してあとは自分でやってという自治体もあり、情報共有もされていなかったのですが、研修の場で急に共有されたのです。

ある協力隊員が泣き出し、会場の外に飛び出してしまいました。聞くところによると、これまで待遇の悪さに疑問を持ちながらも「協力隊ってこういうものなのかな」と思って踏ん張っていたのだそうです。全体で集まって共有しているうちに、きちんとケアしてもらっている隊員と放っておかれている隊員と、状況の違いが「見える化」していく中で、自分の気持ちが折り合えなくなり「これまで苦しみに耐えなきゃと思って来たのはなんだったのか」と涙が止まらなくなって飛び出してしまったのでした。

これ以外にも、地域おこし協力隊としてやってきても活躍できずに、任期途中に不本意な形で地域を去るケースも目にしていました。移住して不幸になるようなミスマッチは、絶対に避けたい。もっと準備期間があればいいのではないか……。

一方で、今後、地域おこし協力隊を募集する自治体が増えていく中で、人の取り合いが始まるという危機感もありました。過疎対策の先進県として取り組んできたアドバンテージを生かし、いかに人材を他県との競争の中で獲得していくかが重要になってくるのです。

そこで田中さんが行き着いたのが、先に都市で地域づくりや島根のことについて知ってもらう「人の固まり」をつくっておけばいいのではないか、ということでした。人の固まりがあれば、いざ市町村や地域側が人を募集しようと思った際、情報も届けやすいし、地域づくりについて知っている人材であるからミスマッチも起こりにくい。こうした問題意識が、しまコトアカデミーの源流にありました。

あくまで「候補者」

まずは、この問題意識を事業という形にして提案する必要がありました。当時の上司であった坪内清課長に相談したところ、島根に将来戻ってくる人たちのための「いけす」を、東京でつくるようなイメージだと理解されやすいのではないか、という話となり、別名「いけす事業」と呼ばれることもありました。いけすというとちょっと意外というか、びっくりされるかもしれませんが、生け捕りにして囲ってやろうというのではなく、田中さんが言うところの人の固まり、もっと言えば、島根に縁のある人たちが、島根とのつながりを持ちながら東京で暮らせるという場だと、機能的に考えてもらうと良いと思います。当時は関係人口という概念がなかっただけに、わかりにくかったと言えるのかもしれません。これが振り返ってみれば、関係案内所となる仕組みの原点です。

そして、コンセプトを外部人材候補者獲得という、いますぐの移住者や地域の担い手ではなく、あくまで将来の「候補者」を獲得することにしました。そのために、候補者の組織化＝ネットワーク化するということを重視。都市で開催していたＵＩターンフェアの延長線上で、ネットワークをつくるというイメージです。

しまね暮らし推進課の中では、地域おこし協力隊への応募者が少なく、なり手がいないことも課題として共有されていました。さらに、一発のお見合いのような採用活動による「思っていた仕事と違う」といったミスマッチも、防ぐことにつながるのではないかと、事業化に向けておおむね趣旨を理解してもらうことができました。

しかし、懸念もありました。島根に住んでいない人を対象にした、東京での連続講座。人数は少なめ。しかもあくまで候補者のため、将来本当に島根に来るのか関わるのかはわからない。単独の成果指標をつくらず、受講生が定員に達すること、そして島根に関わり続けること、という、ゆるい設計をするしかなく、行政としては予算化が難しいものでした。そこで、課長の裁量で決定できる実験的なチャレンジ予算の中でスタートしました。

田中さんがプロポーザルに出す仕様書を書きながらこだわったのが、あくまで移住者というより候補者を募ること、そして、ネットワーク化すること、さらに有料の講座とインターンシップにすること、という3点でした。特に有料化については、定住フェアと差別化する必要もあったことや、すぐに移住できなくてもいいから、本気で地域と関わりたいという人に来てほしいという表れでもありました。

加えて、インターンシップも不可欠だと考えていました。予算上、たくさんの講師を島根から東京の講座に呼ぶことができない中で、島根に行けば「現場で頑張っている人」にたくさん触れ、ネットワークをつくってもらいやすくなる。仲良くなっていけば、受講生は必ず刺激されるだろうという仮説を立てていたからでした。

思い描いていた理想は、ゆるやかにつながるネットワークの固まりをつくり、その中から将来的に移住して地域づくりに関わる人が出るという形。これを踏まえて、都市部における地域づくり連続講座事業と名付け、仕様書と図を付けました。

仮の名前は、ＥＴＩＣ．が取り組んでいた「地域づくりアカデミー」「地域イノベーター養成アカデミー」をイメージして「しまね『コトおこし』アカデミー」。事業としては、定住というよりも、二地域居住に代表されるように、東京にいながら島根に役に立つ形を目指しているということを明確に書きました。

プロポーザルでは、市町村の担当者らによる審査員が、シーズ総合政策研究所とソトコトのコンソーシアムを選びました。シーズの安定感と、ソトコトという東京の媒体とのコラボレーションが評価の理由だったといいます。

「島根には人がいる」

田中さんは審査をする立場にはありませんでしたが、もう一方の三浦さんたちが出したプロポーザルの企画も捨てがたいと思っていました。仮説を立てていたように、インターンシップで受講生が刺激されるためにも、「島根で頑張っている人」に触れてもらうことが必要だと考えていたからです。

三浦さんは、自身が島根の現場で頑張っている人であり、若い世代で頑張っている人のネットワークを持っていました。

プロポーザルで示した図でも、東京側のキーマンと、島根のキーマンのネットワーク、両方が必要でした。シーズ・ソトコト連合は、島根側のネットワークが弱い恐れがありました。「オール島根で、うまく三浦くんたちとも一緒にやってほしい」。

プロポーザルで戦ったライバル同士の連合ということに、躊躇がなかったわけではありませんが、この事業を成功させたいという気持ちが勝りました。田中さんは、三浦さんとシーズの藤原さんそれぞれに電話をかけ、「オール島根で取り組んでほしい」という想いを伝えました。それが実を結び、オール体制が実現したのです。

体制ができ、次にこだわったのは、会場。講座の対象者は都市に暮らしている人。島根の人ではなく、都市の人が島根を考える。だから都市の人のモチベーションが上がるような場所でなくてはならないと考えていたのです。

1期目で予定されていたのは、ソトコトが東京・銀座に持っていた巴馬《バーマ》ロハスカフェ。カフェは間接照明を使ったお洒落な空間で、藤原さんと下見に訪れた田中さんは、東京の中心地である銀座で地方を考える講座が開催できることは象徴的で気に入ったと振り返ります。

体制、会場に続く次なる課題は、受講生集めでした。築地にあったソトコト編集部で開催することになった、事前説明会。事業の説明に立った田中さんが最も伝えたかったのは、「島根では一人ひとりの役割が大きい」ということでした。

そこで引き合いに出したのが、東京と島根の人口。人口だけ比べると東京の方が大きいですが、割り算で考えてひっくり返したら、島根の方が多くなる。分子の1を「あなたをのせる」と表現し、コトを起こす人材や地域で何かしたい人に向けて、役割の大きさを表現したのです。このことは第五章でも触れました。

そして「島根には人がいる」と訴えました。いる、には2つの意味が込められています。必要＝ニーズとしての「いる」と実際に存在しているという「いる」。しまね暮らし推進課のキャッチコピーでもあり、名刺に統一して印刷していたほどでした。

説明会の終了後、たくさんの人が会場に残って、話し込む様子が見られました。アンケートでも「島根県でこんなことをやっているなんて知らなかった」といった感想が寄せられ、手応えを感じることができました。

1期目の最終発表会、受講生のプランを聞いた田中さんは、受講生や講座の盛り上がりを感じました。プランの内容もしっかりと地域につながっているものばかりだったので、目的にかなっているとほっとしました。

2期目。1期目に使っていたソトコトの巴馬ロハスカフェがなくなったため、藤原さんとともに都内の会場を探して歩き回りました。「都市にいながら地域づくりが感じられる場がいい」というこだわりは変えず、会議室などの無機質な空間は避け、廃校を利用した人気施設・アーツ千代田３３３１を主会場に選びました。

まだ何かふわっとしていた1期生と比べ、2期生は、島根の出身者など、島根に縁があって何かやりたいことを持っている人が集まりました。1期生の口コミもあり、集客はさほど苦労することもありませんでした。さらに、その2期目の途中で1期生の一人がUターン。他にも、二地域居住のようにこれまで関係のなかった島根を行き来をして、新しい事業を始めた人もいました。

「いけす事業として将来の候補を念頭に置いていただけに「ここまで動きが早いとは想定していなかった」と田中さん。しまコトアカデミーが、島根とつながりながら何かやっているという雰囲気が周囲に伝わっていったことが、本当にうれしかったと振り返ります。

歴史と経験に学んだ島根

田中さんはしまコトアカデミーの2期を見届けた後、違う部署へと異動していきました。しまコトアカデミーはその後も担当者は変わりながら、6年間、続いています。

引き継いだ新しい担当者がほぼ同じように感じるのが、「こんなにわかりにくい講座がよく通った（実現した）な」「すごく変わった事業だな」ということです。確かに、他県の自治体に聞いても、難しいだろうという声が聞かれます。なぜ、実現したのでしょうか。

もちろん田中さんの企画力もありますが、提案が通ったのは、島根県が自らの歴史と経験に学んだからと言えます。

それを探るために、島根県の歴史をたどってみたいと思います。

島根県は「過疎」という言葉の発祥の地だと言われています。県土の8割を森林が占めており、86％が中山間地域に指定されています。生活や経済活動の条件が厳しく、全国でも先駆けて過疎化・高齢化が進行しています。

人口は、1955年の92万9千人※をピークとして、一時的に増加する時期はありましたが、基本的には減少傾向が続いています。2015年の国勢調査（確定値）での人口は、69万4352人。2010年と比べると、3・2％減少。鳥取に次いで2番目に人口が少ない県です。

加えて特徴的なのは、都道府県で唯一、国勢調査開始時となる大正時代の1920年時点の人口を下回っていることです。つまり、全都道府県でトップの減少率となっているのです。

ピーク時と比べると20万人以上の減少です。1975年ごろまでは、高度成長期に伴って、労働力として都市に人口が流出していきました。一旦は落ち着きましたが、島根に移住してくる人より、県外に出て行ってしまう人が多いというのが基本構造。

特に大学が県内に2つ※しかなく、高校を卒業した生徒の受け皿が不足しているため、大学や専門学校への進学を望めば県外に出ざるを得ない人が多いことが影響しています。今後も、現状のままでは2060年の人口は、38万人にまで減少するという試算※になっています。

※いまは70万人を切りますが、県民歌には「90万の県民」という歌詞があります。

※国立の島根大学と島根県立大学。私立大学はありません。

※島根県のまとめ。仮に2040年までに出生率が2・07に向上し、社会減が段階的に0となった場合は2060年の人口は47万人。

つまり、人口減少のトップランナーであり、これからもトップランナーであり続けるであろうという位置付けなのです。

島根の中でも大きな転機となった年がありました。平成に入ったばかりの1992年。島根県の人口減少は、前に書いたように地域から人が出ていく、人口流出によるものでした。専門用語では「社会減」と言います。

だからこそ、対策というのは、流出を食い止めること。都会にもある施設である『島根県立しまね海洋館アクアス』を整備するなど、都会と同じように田舎の社会インフラが整えば流出は止まるだろうという仮説の下で、インフラやハード整備が行われていました。

ところが、1992年の国勢調査で県人口が5年前の前回調査より15年ぶりに減少し、78万人に。初めて、生まれた人の数＝出生者が死亡者を下回る「自然減」が始まったのです。

社会減が収まっていない中での、自然減による人口減少というダブルパンチ。初めての事態にどう対処したら良いのか、インフラ整備だけでは自然減は食い止められないし、生まれるより死ぬ人が多いのを改善しようにも、いますぐ考えて対策を打ったからといってすぐ生まれるわけでもない。

これまでの発想の切り替えが求められるだけに、激震が走り、県庁内がざわついていたと言います。当時の澄田信義知事は、県庁内に「人口定住促進会議」を設置。１９９２年を「定住元年」と名付けて、対策を始めました。

25年も前から、人口減少や定住の対策を本気で取り組んできているのです。

職員たちは夜な夜な、膝をつき合わせて対応を考えていました。島根県を出て行った人はなかなか帰ってこない。では、出身者ではなくても、縁のないＩターン者も獲得していかないとだめなんじゃないか、という方向性が出てきました。

まだ人口が増えている自治体が多く、Ｉターンという発想も広がっておらず、着目している自治体は全国でも少なかったころです。

定住元年以降、試行錯誤をする中で、定住企画課が生まれ、定住政策を専門的に実行する『ふるさと島根定住財団』も生まれました。

定住促進を目的とした県の外郭団体は、都道府県では秋田、熊本、新潟に続いて4番目の設置でした。最初は人口減少対策としての雇用や商工労働政策の側面が強くありましたが、UIターンの受け入れが求められていく中で、地域と移住者のマッチングに力を入れるようになっていきました。

移住者のマッチングには、仕事のあっせんが欠かせないと無料職業紹介をスタート。全国でも手厚い対応として知られ、2014年度は181人、2015年度は255人のマッチングを成功させました。加えて、仕事のあっせんだけではなく、地域づくりの応援もしなければ、せっかく来た人も定着しないということで、ふるさと島根定住財団は、UIターン支援、職業紹介、地域づくりの三本柱で事業を展開しています。

県庁内でも横断的に取り組む必要があると縦割りを廃し、2011年度からは、略称「しまぐら」と呼ばれる、しまね暮らし推進課が発足。このしまぐら、ちょっと変わった名前もさることながら、他の都道府県から驚かれ、羨望の眼差しを受けていることがあります。

県が主催し、東京などで開催するＵＩターンフェアに、県内の全19市町村が参加していることです。こんなに足並みが揃い、オール体制が実現している都道府県はなかなかありません。

スーパーヒーローはいない

最初からオール体制ができていたわけではありません。実は２００９年までは、ＵＩターンフェアに参加していない常連の町村がありました。先進的な地域づくりで知られ、独自の取り組みをしていた離島の海士町と、その隣の知夫村です。

そこで、ＵＩターンフェアを主催するふるさと島根定住財団のある職員は、参加しない理由が知りたいと、別のイベントの依頼を兼ねて海士町に乗り込みました。すると、海士町のある課長に言われました。「定住財団のやってることって意味あるの?」。ほとんど目も合わせてもらえず、信頼されていないことがひしひしと伝わってきて、その日は宿で泣きました。翌朝、出勤前の課長をつかまえ「いままでの財団の関わりでまずい部分があったら直します。話をさせてもらえませんか」と再アタックすると「また来い」と言われました。

数週間後、なんとか仕事をつくって再訪問。「なぜ参加しないのか、UIターンフェアというイベントそのものが必要ないのか。他に求めていることとあれば聞くから教えてほしい」と食い下がりました。前提として、海士町のことを徹底的に調べて行きました。少しずつ信頼関係をつくっていく中で、海士町がUIターンフェアに参加することになり、その課長からも何か相談事があると電話がかかってくるようになったのです。

その課長のことは恨んでいません。むしろ、受け入れる現場のことをきちんと知った上でUIターンフェアなどのイベントをしなければ意味がない、ということを教えてくれたと感じています。「田舎はいいですよ」と言うだけでは、実際に移住者が来ても不幸になりかねません。実際の仕事や暮らしの中身までしっかり把握しておく責任があるのです。

こうした積み重ねで、常に全国でも先進的な取り組みをし続けている島根県。さらに他の自治体を驚かせたのが、2015年度から行政に頼らない人も含めたUIターン者の全数調査を始めたことです。それによると、2015年度のUIターン者は4252人で、2016年度は4376人。

学生や転勤などの人をのぞくため、5年以上、島根に住むつもりがある、という質問項目をつくってそう答えた人をカウントしています。市町村が取り組む人口移動調査に独自に項目追加しており、これも市町村の協力がなくてはできないことです。

そのほか、過疎対策として島根県が実施していた集落支援員制度が、総務省の施策として取り入れられ、地域おこし協力隊に発展していたということもありました。

しまね暮らし推進課、そして田中さん自身も、島根のUIターンや過疎対策は先進的という自覚があるそうです。過疎や高齢化に直面し、課題先進地と言われますが、課題だけでなく取り組みについても先進になる、課題「解決」先進地でありたいという気概も共有しています。

島根県でしまコトアカデミーという、チャレンジングな取り組みが始まったのは、決して偶然ではありません。そして、特別に優秀な職員やスーパーヒーローが、リーダーシップを発揮したというわけでもありません。

長年積み重ねてきた、課題先進県としてのプライド。課題だけではなく、取り組みにおいて先進的に挑戦しようという気概。これが人口減少社会に求められる新しい関係人口づくりの拠点・観光案内所となるしまコトアカデミーを生んだ源泉なのです。

多様な地域との関わりが実現

しかし、定住対策で有名となった島根県を先導した一部の人たちにとっては、移住・定住を掲げないしまコトアカデミーは、実は評判が良くありませんでした。しかも、どちらかと言えば、貴重な「労働力」として、移住者の「量」こそに価値を求める傾向も根強くある中で、しまコトアカデミーは、量と言うより、人材の「質」＝中身に目を向ける取り組みと言えます。ずれは明確で、課の外部からは理解されにくい状況でした。

当時の坪内課長の元には「あの事業は、費用対効果が見えない」「覚悟がない移住者は評価できない」「あれは本当の定住ではない」といった批判の電話がかかってくることもありましたが、「質的転換をはかる事業だ」と位置付け、腹をくくっていたと言います。

さらに、明確な成果の指標も出せないわかりにくい事業だけに、県の予算を握る財政課に予算要求して、怒られたこともありました。それでも「無茶はわかっていますが、お金だけください」と言い放ち、課長の裁量で調達できる予算枠の中から、しまコトアカデミーの事業費を捻出したという経緯があったのです。

こうして何とか産み落とされ、続いてきたしまコトアカデミー。「やってよかったんじゃないですか」と初代の田中さんは、さらっと言いながら、想定外だらけだったとも明かします。

1つは、想定外なレベルで、人が動いたこと。きっかけがほしい人がいるのだという気付きにもつながりました。いままではＵＩターンフェアでつながりをつくることが中心で、軽い感じでアプローチしていましたが、自分の人生を考えてもらったり、同じような人に会ったりすることがＵＩターンのきっかけになるのだと。

もう1つが、多様な関わり方が存在しているということでした。当初は、固まりをつくってゆるやかにつながりながら、理想型は移住して地域づくりに取り組む、というイメージでしたが、実際に実現している形を見ると、田中さんは、①島根に移住する、②二地域居住、③東京にいながら関わる、という3パターンを中心とした多様な地域との関わり方が実現したと感じているそうです。②③はまさに、関係人口と言えると思います。

「考えてみたら、それまで、移住以外に地方と関係する方法がなかったんでしょうね。関係した結果として、人は帰ってきますよね」。始めた当時は存在しなかった関係人口というキーワードも、しまコトアカデミーを通じて、いまは実感として理解できると言います。

しまコトアカデミーはいまでは問い合わせも増え、ゆるい関係性の中で人の固まりやネットワークをつくることが重要だということに他の都道府県も気付いてきました。

島根県がさらに一歩先を行くために、何を考えているのでしょうか。しまね暮らし推進課の嘉本博行グループリーダーによると、やはり、関係人口というワードをきちんと政策として落とし込み、より一層推進することだと考えているそうです。

「(島根県は）もてはやされることもありますが、そうではなくて、あがいてるんです。ここで満足しているわけではありません。先進県として、あがき続けます」。

島根県政策企画局政策企画監室 企画員
田中 徹

第八章

関係人口のつくり方

第七章まで、しまコトアカデミーを支える人たちの物語を通して、しまコトアカデミーや関係人口がつくられていく様子を見てきました。最終章となる第八章では、あらためてしまコトアカデミーを分析し、どうやったら関係人口をつくっていくことができるのか、つくり方を考えてみたいと思います。

受講後の満足度100%

2017年3月15日、東京・清澄白河のリトルトーキョーで、しまコトアカデミー5周年を記念した「しまコトナイト」が開催されました。1期生〜5期生までのしまコトアカデミー卒業生たちが23人、受講生以外に関心を持ってくれている人たちも含めて、62人が来場しました。指出さんの乾杯でスタートし、三浦さんが受講生への公開インタビュー。続いて、しまコトを通じて新しい挑戦をしている受講生の発表など、近況を共有しました。会場の壁一面には「あなたにとってしまコトとは何ですか？」という問いと、その答えがびっしり。

島根とつながる きっかけ	ご縁が広がる 「結びの場」	相談できる 応援しあえる 仲間に出会える
地域で生きる カッコイイ 大人に出会える	島根に行っても 行かなくても つながっていられる ぬくもり溢れる プレミアムパスポート	多様性を 受け入れる 居心地のいい場所
地域に関わる 入門編	「新しいメガネ」 故郷に対する 見える景色が 変わる	島根に関わる ヒトや 魅力の奥深さを 探究できる場
暮らし方や 生き方について 見直す 大きなキッカケ	島根最前線の 情報収集の場 楽しい場	自分の深い部分と 向き合い 対話するきっかけ づくりの機会
地方を真剣に 考えるきっかけと なる原体験	今後の 自分の活動の 道しるべ	人といても いいものだなと 久々に感じられる 時と場所

集まった人の数と熱気から、受講生たちにとってしまコトアカデミーが大切な場であることが、ひしひしと伝わってきました。

さらに、島根にIターン、Uターンして、この日は会場に来られなかった受講生たちからの熱いメッセージや、これまで講座のゲストやインターンの受け入れなどで関わった人たちからの応援メッセージも展示。首都圏や島根、それぞれの場所でしまコトのご縁がどんどん広がり、つながっています。

また、この日は、アンケート結果も発表されました。第三章で紹介した、卒業生の6割近くが島根に関わる活動をしていた、というアンケートです。

もう少し詳しく見ていきましょう。3月1日から13日まで、東京講座の受講生63人にウェブでアンケートを送り、53人が回答しました（回収率82・5％）。

Q1：しまコトアカデミーを受講して良かったですか？

A：とても良かった84％、良かった16％

Q2：受講後、仕事や暮らしに変化はありましたか？
A：変化があった52・9％、大きな変化があった31・4％、どちらとも言えない11・8％、大きな変化はなかった3・9％

Q3：島根に関わる活動をしているかどうか
A：首都圏で活動している33・3％、島根に移住し、活動している25・5％、どちらとも言えない21・6％、その他9・8％

まず驚くのは、100％の満足度。これはなかなか達成するのは難しいのではないかと思います。居心地のいいコミュニティを丁寧につくってきた結果でしょうか。

受講後の変化についても、84・3％の人が、何らかの変化があったと答えています。まったく変化がなかったという人はいませんでした。

そして、移住した人も首都圏に居続けている人も、合わせて58・8％の人が、受講した後も、島根に関わる活動を続けている。これこそが関係案内所として、地域に関わり続ける人＝関係人口を生み出しているといえる、何よりの証でしょう。

3パターンの受講生のタイプ

ではこれらを踏まえて、しまコトアカデミーがどういう風に成り立っているのか、図解してみたいと思います。

まず、入り口から考えていきます。どんな人が受講生となっているのでしょうか。もちろん、首都圏という都市に住んでいる人、というのが、最大公約数な答えですが、それでは広すぎますよね。さらに、前提として第一章で紹介したように、人や社会をより良くしたい、役に立ちたいというソーシャルな気持ちを持っている、ということもあります。

それでもまだ広い……ですよね。これから関係人口をつくりたいと思っている方々にとって、どんな人がターゲットになるのか。これは重要なポイントですし、もっと詳しく整理してみたいと思います。

私が見たところ、動機とタイプから、主に3パターンに分類できるのではないかと考えました。「ふるさと難民」「ゆくゆくは島根系」「もやっとピープル」。もやっとピープルは、しまコトアカデミーのある受講生が生んだ言葉です。それぞれ見ていきましょう。

ふるさと難民は、何度か登場してきましたが、自分の中でふるさとと呼べるような地域がなく、地域や地域の人との関わりを求めている人。この本の中では、横浜出身で農業ワークウェアをつくりたいと話していた中島さんが当てはまると思います。都市に暮らす人々の中でも、かなりのボリュームで存在しているように思います。

続いて、ゆくゆくは島根系。いつか出身地や緑のある土地に帰りたいと思っている人たちのことです。その地域で生まれ育った人の場合は、Uターンになりますし、最近は親の出身地に移住する孫ターンやRターン（ルーツターン）という言葉も登場しています。

しまコトアカデミーでも、ゆくゆくは島根系の人たちは、いつか帰る日に向けてつながりやタイミングをはかりたいという、かなり前向きな動機で受講してきていました。移住するまでまったく関わらないのではなく、移住するまでの間、関係人口として積極的に地域に関わっていくというのは、いいあり方ではないでしょうか。この本の中では第六章の三浦さんのところで登場した、二地域居住後に浜田市でさきやを運営している岡本佳子さんなどが、ゆくゆくは島根系に分類されるでしょう。

しかし「ふるさとがほしい！」「いつか自分が帰るときのつながりがほしい！」というような明確な想いを持っている人たちばかりが、しまコトアカデミーを受講しているわけではありません。もやもやと人生について悩み、迷っている人たちも少なくありません。それが、もやっとピープル。お伝えしたように、しまコトアカデミー受講生の一人が、自らのことをこう語っていたので、とても印象に残っています。

言葉通り、「なんかもやもやしているけど、どうしていいのかわからない……」「ふるさとに帰りたいとまで、はっきり思っているわけじゃないけど、なんか気になる……」というような人たちのことです。三浦さんの第六章に登場した原早紀子さんが代表格と言えるでしょう。もやっとピープルが人生を考えていく、きっかけとなる場所にもしまコトアカデミーはなっているのです。

逆に、この3パターンに共通していることを考えてみると、それぞれに想いは抱えながらも、まだ何かの行動には移していなかった、関わり方を見つけていなかったということでしょうか。

そんな人たちが、関係案内所としてのしまコトアカデミーを受講し、メイン講師の指出さんやメンターの三浦さんと出会い、島根を学びながら、インターンでさらに地域の人と出会いながら、自分のしまコトプランを発表する。第三章でも紹介した、①知り、学ぶ、②体験する、③自分ごとに落とし込み、プランとしてまとめる、の3つのステップを踏んでいく中で、自分なりの、島根との関わり方を見つけていきました。

入り口に続いて、出口を考えてみましょう。出口、つまり、島根との関わり方は、細かく見ればたくさんのバリエーションがありますが、大きく類型化すると、①移住するか②関係人口になるか、※という2パターンのあり方、つまり行動として見えることになります。

出口に関連して、ここであらためて、第三章のP70～76で紹介した

※もう一つ「関わらない」という選択肢も存在はしています。

関係人口10連発を整理し、地域にどんな社会的インパクトを与えたのか、見たいと思います。

〈関係人口10連発〉詳細はＰ70〜76を参照。

①お試しプチ移住
②二地域居住
③同じ地方に何度も通う
④地方でイベントを開催
⑤地方での連続講座を遠隔で受講
⑥東京にいながら地方の企業とお仕事
⑦地方企業の東京支社で働く
⑧東京にいながら食で地方とつなぐ
⑨東京で地方を考えるイベントを開く
⑩旅と移住の間を考える研究会をつくる

私が個人的に面白いと思っているのが、図の一番左上にある⑧の

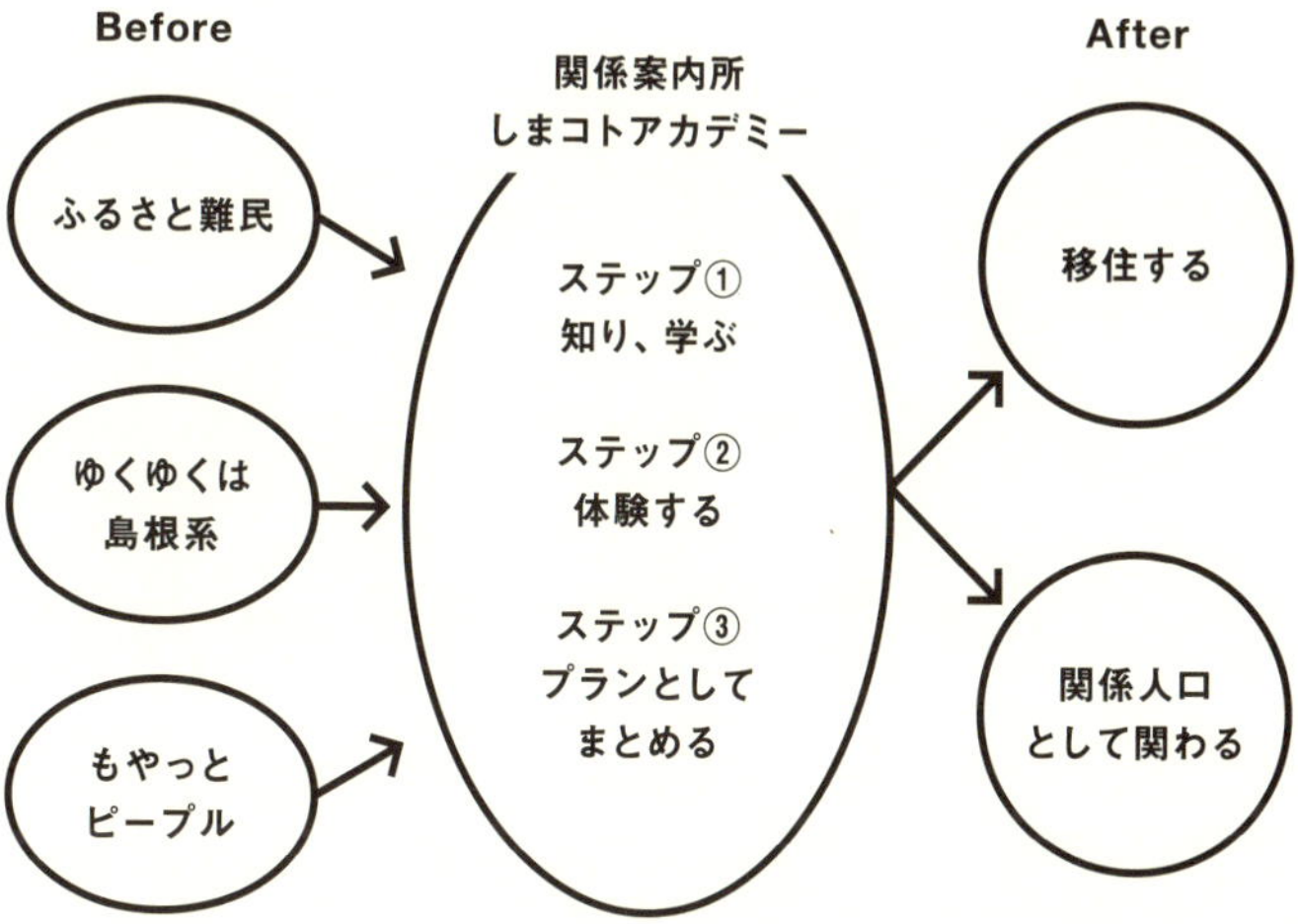
Before
関係案内所
しまコトアカデミー
After
ふるさと難民
ゆくゆくは
島根系
もやっと
ピープル
ステップ①
知り、学ぶ
ステップ②
体験する
ステップ③
プランとして
まとめる
移住する
関係人口
として関わる

「ハツモノ！倶楽部」の取り組みです。東京で、地方の旬の食材を食べるイベントを開くことで、地方のモノが売れて生産者にお金が落ちますし、生産者を知ってもらったり、愛着を持ったりしてもらうことができる。モノとヒトの面で、大きなインパクトを与えているのではないかと感じています。

この一番左上にある部分は、インパクトという側面からみると大きいにもかかわらず、地域で過ごす時間が少ないということで、あまり評価されてこなかったものだと思います。評価する指標が必要だと、私自身もずっと考え続けてきたものでもありました。

また、⑥東京にいながら地方の企業とお仕事、⑦地方企業の東京支社で働く、についても、住む時間は少ないものの、地域に新しい知恵やアイデアをもたらすというインパクトがあると考えます。

①お試しプチ移住、②二地域居住、③同じ地域に何度も通う、などは、地域で過ごす時間も増えてくるため、これまでも認知や評価されてきたものではないでしょうか。

一方の⑨東京で地方を考えるイベントを開く、⑩旅と移住の間を考

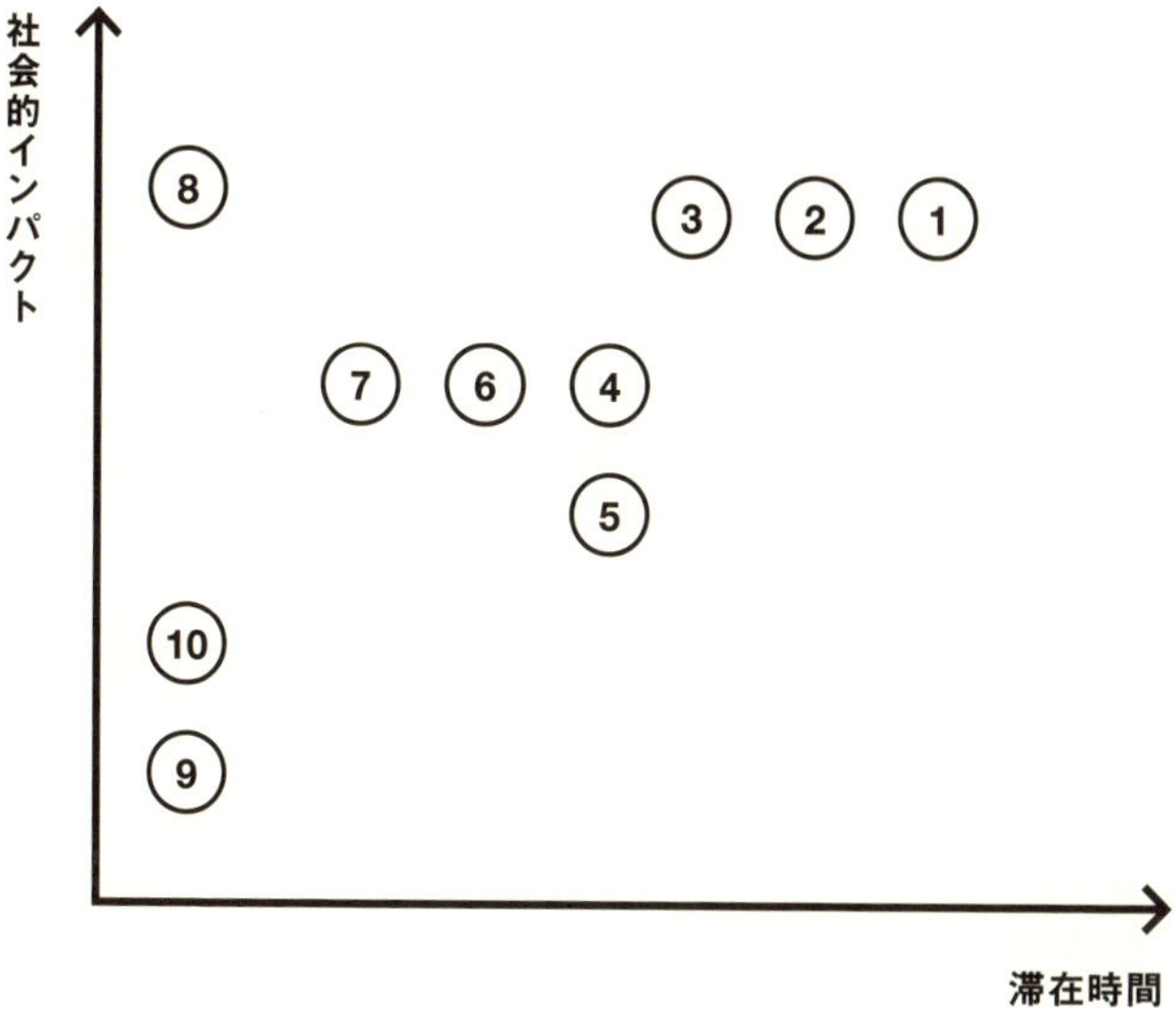

関係人口の分布図

える研究会をつくる、はモノやアイデアといった面ではインパクトは少ないかもしれませんが、地方を考えたり、愛着を持つ人、ファンを増やすというインパクトがあり、一見インパクトの度合いが低いからといって、軽視してはいけないものだと思います。こうした地道な取り組みの積み重ねや広がりは、必ず地域の力になってくると考えられます。

この本では、しまコトアカデミーに関連し、中でも10連発として取り上げたものしか分析していませんが、関係人口には、もっと幅広いバリエーションがあり、地域やその関係性を結ぶ相手ごとに、もっともっと多様なあり方、そしてグラデーションがあるということは、申し添えておきたいと思います。

しまコトアカデミーの課題

ここまで、参考になる取り組みとして紹介してきたしまコトアカデミーですが、どんな物事にも必ず課題というのはあると思います。では、しまコトアカデミーの課題には、どんなことがあるのでしょうか。大きく2つあると考えています。

1つは、卒業生に対するフォローです。しまコトアカデミーでも、期ごとのフェイスブックのグループをつくっていますし、卒業生が集うブカツという取り組みがあった時期もありました。昨年は、過去の卒業生たちをつなぐためのギャザリングイベントも東京で開きました。

しかし、年に数回のイベントや、インターネット上の場だけでは、なかなか卒業生の継続的な活動を支える仕組みとしては、不十分であるように思います。

せっかくつながったご縁や掘り起こした自分の想いも、日々の生活や仕事に追われてしまうと、どうしても薄らいでいくのが一般的です。時間が経てば経つほど、この傾向は強まるでしょう。丁寧に、自然につないでいくための仕掛けが欠かせません。

いまは、シーズなどしまコトアカデミーの事務局サイドが中心的に企画し、声掛けしているという形になっています。しかし、事務局も、しまコトアカデミーの運営という直接の業務外で続けていくには限界もありますし、もっと活発に開催していくことを考えると、卒業生コミュニティをつくるという仕掛けの段階から卒業生たちに任せ、主体的に運営していってもらう必要があるのではないでしょうか。

さらに、欲を言えば、その仕掛けの中身について、単に卒業生が交流する場をつくるだけではもったいないように感じています。集まって飲んで、思い出話をする。もちろん、そういう要素も否定はしませんが、何か地域の役に立つ、地域が良くなるためのプロジェクトを立ち上げて、それを手伝ったり、一緒に動かしてもらったりする方が参加率も高まるように思います。受講生の基本スタンスは、ソーシャルな気持ちを持っている人々だからです。

愛着のあるしまコトアカデミーや卒業生の継続的な活動を支えたいという思いを持った人たちは、少なくないと思います。いまは、その人たちから見れば、卒業した後にしまコトアカデミーにどう関わったらいいのかわからない、言い換えれば、役割が見えない状況になっているように感じています。だからこそ、役割を与えることが大切なのではないでしょうか。

もっと役割を示して、助けてもらう。そうすることで、いつでも気軽にアクセスできる環境を用意し、忘れないように定期的に思い出す場ができる。結果的に、卒業生たちに、地域と関わり続けるきっかけを提供することができますし、関係人口になってもらうことにもつながります。先ほどのアンケートで、首都圏で活動している卒業生が33・3％と紹介しましたが、この率をもっと高めていくことはできるはずです。

課題のもう1つが、関係人口のあり方の見える化です。今回は10連発という形で示しましたが、もっともっと存在していますし、すでにさまざまな形や行動として表れている関係人口のバリエーションについて、収集して可視化することも、より必要ではないかと感じます。

例えば、しまコトアカデミーのサイトに、受講生の声というコーナーがありますが、受講してよかったということに止まらず、関係人口のあり方として整理、分析して見せていくということも検討する余地があるのではないかと感じています。

しまコトアカデミーの成果や、関係人口という考え方は、どうしても分かりにくい側面があります。しかし、活動や関わり方が見えることで、理解されやすくなりますし、行動に移す後押しにもなる。しまコトアカデミーや関係人口に加わる人の輪が広がっていくという、好循環が生まれると思います。

関係人口をつくる5つのポイント

ここまで、関係人口をつくってきたしまコトアカデミーを解剖してみました。さて、ここからは「はじめに」でもお伝えしたように、3つの問いのうち、残っているもう1つ、どうやって関係人口をつくっていったらいいのかを考えていきたいと思います。

考える上で、まずは、しまコトアカデミーが関係人口をつくることに成功したポイントを整理してみたいと思います。それは、大きく次の5つのポイントに集約されるのではないかと考えています。

1）関係案内所を設ける
2）入り口を広く、ゆるく
3）役割を提示する
4）自分ごとにする
5）人につなぐ（信頼のネットワーク）

それぞれ、詳しく見ていきます。

1）関係案内所を設ける

しまコトアカデミーは、関係人口をつくる関係案内所だと、最初に説明しました。これまでもお伝えしてきたように、いま、地域に関わりたいという人や、ふるさとがほしいという人は、決して少なくありません。でも、ほとんどが潜在的であり、関わり方を見つけられていない、というのが実情です。

そこで必要となるのが、関係案内所の存在です。訪ねてくれば、とにかく、地域と関係が持てたり、仲間と出会ったりすることができる。しまコトアカデミーのように首都圏や都市にあれば効果的ですし、それぞれの地域にも増えていくと、訪れた人が立ち寄ることができて、より実効性が増すと思います。

関係案内所という言葉から、何か立派な建物をつくらなくては、と、ハード整備をイメージして内心焦られたかもしれませんが、思い出してください！　しまコトアカデミーは、どこかの建物に常設されていたわけではありませんよね。都内に会場を借りて、月に1度の講座を開いていただけでした。関係案内所として大切なのは、建物を整備することではなく、居心地の良い場、もっと言えば居心地の良いコミュニティをつくって運営する、ということです。

居心地を良くするために、講座の会場選びにしまコトアカデミーの運営サイドがこだわっていたのは、この本の中でも紹介した通りです。会場の雰囲気も、もちろん欠かせない要素です。

しかし、それよりもっと重要なのは、人。関係案内所に関わる人です。しまコトアカデミーでは、指出さんを含めたソトコトのスタッフであり、メンターの三浦さんであり、事務局の藤原さんをはじめとしたシーズのスタッフであります。会いに行きたくなるような魅力的な人がいること。これを忘れては、居心地の良い関係案内所をつくることはできません。

2）入り口を広く、ゆるく

まだ現状では、地域に関わるということの意味＝移住という風にとらえられることが多いと感じます。多様な関わり方をしてほしいと思って、地域をテーマにしたイベントや講座を開いても、工夫がなければ「移住するためのもの」と受け止められ、地域に関心はあっても移住までは考えていないという人たちが足を運びにくくなる、という状況です。それは、地域側から見れば、せっかくの関心や想いがある人たちを取り逃がしている、ということにもなります。もったいないですよね。

あるしまコトアカデミーの受講生は「何が何でも捕まえて、離さないぞ。うちの地域に連れて帰るぞ」というような執念めいたものが会場に渦巻いているような地域の講座もあると苦笑していました。来場者は敏感なのです。あなどってはいけません。

しまコトアカデミーでは、わざわざキャッチコピーを「移住しなくても、地域を学びたい、関わりたい！」として、サイトの最初に掲げています。移住しなくてもいいとあえて前面に打ち出すことで、受講へのハードルを下げているのです。

また、主に指出さんが担っていた部分でもありますが、単に島根県単独で首都圏でイベントをしても、なかなか幅広い人にリーチできません。ソトコトという全国でネットワークを持つ媒体とネットワークを持つ指出さんがメイン講師を務めることで、知ってもらいやすくなります。入り口が広がる、と言うことができます。

どんな素晴らしい関係案内所をつくっても、関心がある人に届き、足を運んでもらえなければ、存在しないのと同じです。だからこそ、入り口の部分をゆるく、広く設定するのは、最初に気を付けるべき大きなポイントになります。

3）役割を提示する

では、地域に一定の関心があったり、何らかの想いがあったりする人たちが、関係案内所に集まってきたとします。次に必要となってくるのが、地域とのどのような役割、関わり方があるかということを、提示するということです。

地域での役割や関わり方を「関わりしろ」と私は呼んでいます。この地域には、どのような関わりしろがあるのか。それを見せないで、来た人に自分で関わり方を探せというのは求めすぎであり、少し酷な気がしています。

では関わりしろとは、いったい何でしょうか。実は、地域にとって「課題」だと考えていることこそが、関わりしろになるのです。

しまコトアカデミーの初回、島根県の担当者が、課題先進県であると強調していたこと、もっとさかのぼれば生みの親である田中徹さんが、説明会で島根には人がいないからこそ「人がいる」のだと訴えていたことを、思い出していただけるといいと思います。

地域にとっては頭を悩ませる課題でも、関わりたい側にとっては「自分が関わるべきテーマ」になると言うことができます。課題があるから、解決のお手伝いができるからこそ、ソーシャルな気持ちを持った人々にとって手応えが感じられるし、役割も感じられるし、その地域を選んで関わろうという気持ちを持つことができるのです。

「何でも好きなことをしてくれていいから、とにかく関わって」では、きっかけすら、つかむことができません。地域課題を否定的にのみとらえる必要はないのです。

そういう意味では、しまコトアカデミーは、当初予想していたより移住する人が多いというのが関係者の驚きではありましたが、それは、島根の関わりしろが、田中さんも強調していたように「島根には人がいる」であるからこそ、移住という関わり方になるのかもしれないと、いま書きながら思いました。

4）自分ごとにする

しかし、課題があることがわかり、関わりしろが提示されても、自分がどれを選んだらいいのか、迷う人も少なくないと思います。そこで大事なのが、自分ごと化です。関わりしろを自分の強みや興味、関心と少しでも結び付けて選ぶことを手伝っていく仕掛けが必要です。

しまコトアカデミーで用意されていた仕掛けが、しまコトプランシートでした。シートには「気になる地域課題」と「自分の強み」という欄があります。一つ一つ考え、埋めていくことで、実は、関わりしろの中から自分ができるものを選んでいく、関わりしろを自分ごと化するという作業を行っていることになるのです。

地域にとって重要な課題であり関わりしろだから、取り組むべきだ、というような想いが先行してしまうことは少なくありません。しかし、そういう「べき」論だけで、もう一方にある自分の強み（できること）や興味、関心を置き去りにしてしまうと、なかなか実際の動きに結びつかないし、仮に結びついても長続きしません。関わりしろと自分自身をすりあわせる、自分ごと化の作業が欠かせないのです。

しまコトアカデミーの事例で言うと、農業ワークウェアの中島さんは、受講したてのころは、単純に自分がやりたい農業や田舎暮らしをしたくてIターンしたいと思っていましたが、受講する中で、自分ができるデザインと農業を掛けあわせて、世の中により良い仕組みをつくるソーシャルデザインができたらいいなと思うようになった、と振り返っていることが象徴的だと思います。

5）地域の人につなぐ

最後は、出口をどうするかという問題です。自分ごと化の作業を経て、自分が関わるべき役割や関わりしろが見えてきたとします。でも、残念ながら、それだけでも、関係人口の一員として動き始めることにはならないのです。

あらためて、関係人口とは、移住してその地域に移り住むのではなくて、離れていながら地域に関わる、役に立つ仲間であるというあり方です。そのためには、地域で動いたり、想いを持ったりしている地域の人と協力する必要が出てきます。

だからこそ、地域の人とリアルにつながることが求められる。しまコトアカデミーで言えば、それを担っているのが、インターンシップでした。

三浦さんが、インターンシップまでのところで、受講生の気持ちを聞いてくみ取り、どの人に会ったらよいかというマッチングしていきます。つながった人たちと、インターンシップが終わった後も、ご縁が続く。結果的に、関係人口づくりにつながっていくのです。人を動かすのは、やはり人なのではないでしょうか。

さらに、地域では、物事を進める上で、話を通すべき人の順番があったり、突破口となる人物がいたりしますが、実情がわからないよそ者には把握しづらいことが多いと思われます。フォローしてあげることで動きやすくもなるのです。

以上が、関係人口をこれからつくろうと考えている人たちにとって参考になる5つのポイントではないかと考えています。

人口減、人材増

5つのポイントを踏まえた上で、忘れてはいけない大きな前提、基本スタンスがあります。それは「移住、定住をゴールにしない」ということです。これまでも至るところで触れてきたように思います。

確かに、しまコトアカデミーでは、移住している人もいますが、それは、これまでも繰り返しお伝えしているように、結果としての移住であり、移住を促進するためにしまコトアカデミーをつくり、運営しているわけでは決してありません。

むしろ、移住しなくていいと言っている、ゴールに移住、定住を置いていないことこそが、しまコトアカデミーに人が集まる要因になっていますし、もちろん、講座の中でも、移住を促さない、無理強いしないということは徹底されています。それが居心地の良いコミュニティづくりにもつながっているのです。

それは、関係人口の最終的なゴールも、移住・定住ではないからです。関係人口の価値は、地域に移住するか、しないかではないのです。離れていても、関係を持ち、役に立ってもらえればそれでいい。仲間でいることがゴールです。そこに、移住、定住してほしいという価値を持ち込むことは、関係人口自体を否定することにもなりかねません。

関係人口であり続けた結果、関わりのグラデーションが深くなり、移住という次の段階に進むということは当然あり得ます。それでも、あくまでも移住、定住は、ゴールではなく、結果の1つなのだということは、ぜひ心に留めておいてほしいと思います。

この本の途中でも何度も出てきた明治大学の小田切さんは、ブックレット※の最後に「人口減・人材増」という考え方に触れています。

この言葉の意味するところは、地域の「人口」は、人口減少時代、どうしても減ることは避けられませんが、それでも、地域に関わる人である「人材」が増えるのなら、地域の活力になるのではないかということです。

例えば、人口が100人から90人になっても、地域を想い、関わる人材の数が、10人から20人に増えるのなら、人口が減っても、地域が衰退したということにはならないですよね。ここには、地域に住んでいる人の力も含まれるし、関係人口として関わっている人の力も含まれます。図でこんな風に示すこともできると思います。

※田中輝美著・小田切徳美監修『よそ者と創る新しい農山村』JC総研ブックレット、筑波書房、2017

本当の地方消滅とは

これまで、関係案内所としてのしまコトアカデミーと、それをつくり、運営している人たちの物語を見ながら、いまなぜ、関係人口なのか、関係人口とは何か、関係人口はどうやったらつくることができるのか、を探ってきました。

しかし、私がずっと追いかけてきた、しまコトアカデミーを通じた物語として描いていることから、島根と東京という間の関係人口がメインとなり、正直に言うと、議論が限定的になってしまっていると思います。関係人口には、もっと幅広いバリエーションがあり、地域やその関係性を結ぶ相手ごとに、多様なあり方、そしてグラデーションが存在しています。例えば、指出さんは、兵庫県豊岡市の城崎温泉の取り組みや、北九州市小倉にあるゲストハウス「Tanga Table」を著書の中で触れています。

これまでも折に触れて紹介してきたように、日本全体で人口が減ることは、現段階では避けることのできないトレンドです。

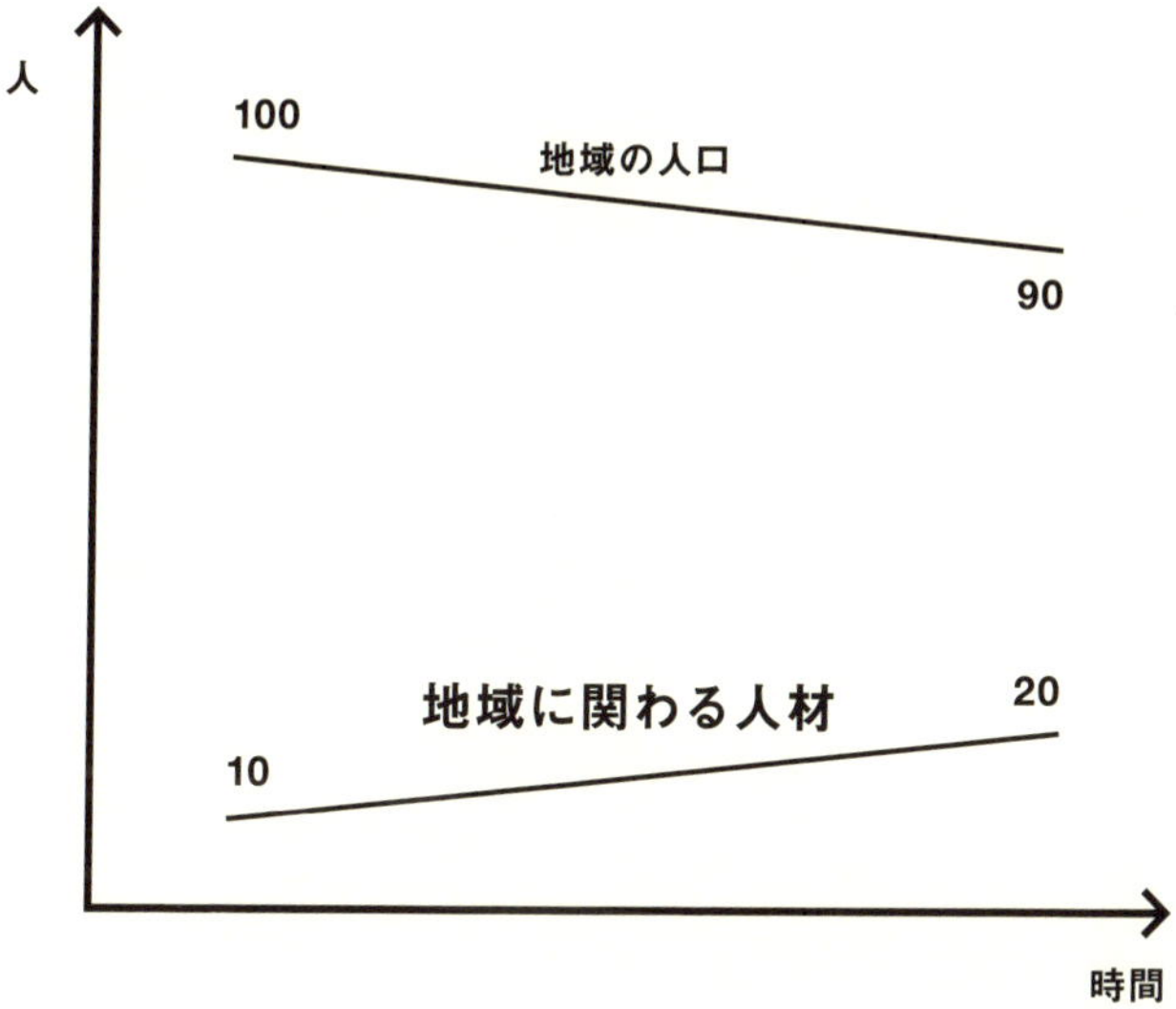

※あくまでも例えの図です。

だからと言って、地域がすぐに消滅するわけではありません。地域をあきらめ、関わろうとする人が減り、いなくなったときこそが、本当の意味での地域の衰退であり、消滅なのではないかと思うのです。

離れていても、地域をあきらめず、応援し、盛り上げてくれる仲間。これこそが、関係人口です。住むか住まないかではなく、関わるか関わらないか。そのバリエーションは無数にあるはずです。

そして、地域側から見れば、地域の役に立ってくれる、新しい力になってくれる存在です。しかも、ゼロサムゲームで不毛な奪い合いになりかねない定住人口と比べて、関係人口ならどの地域だって増やすことができますよね。

はじめにや第一章でも触れましたが、これまで長い間、地方は人口が減り続けて明るい兆しも見えにくかったのですが、明らかに新しい潮流が生まれました。都市に住む若い世代の人たちの目が、地方に向いている。しかも、役に立ちたいという想いを持ち、魅力あるチャレンジの場としても、とらえている人もいます。

人口減少の最先端の地である島根県に暮らす私は、この潮流を真っ先に感じています。

その潮流を時代に合わせて生かす方法が、関係人口という考え方です。そして、潮流を生かすも殺すも、それぞれの地域次第。もっと言えば、地域というのは人がつくっていますから、地域に住んでいる一人ひとり次第であると言い換えることもできます。

一方、都市に住んでいる人々から見ても、関係案内所に足を踏み入れれば、どこかの地域に関わることができるし、1つの地域に絞って心中する覚悟でリスクをとって移住する必要もありません。複数の地域に関わることだってできる。さらに、都市に住んでいなくても、地方の人が、別の地方に関係人口として関わることだってできます。

そうです、誰だって、関係人口をつくり、増やすことができるし、誰だって、どこかの関係人口になって、仲間として応援して盛り上げることもできる。

こう考えると、縮小ニッポンもそんなに恐れることはないし、むしろ、面白い。なんだか、ワクワクしませんか?

上／講座のグループワークでは、模造紙や付箋を使って、自分の強みや弱み、島根の可能性や課題などを書き出していく作業も。下／しまコトアカデミーのインターンシップ先は、西部・東部・隠岐の3つから選択する。

上／しまコトアカデミーの受講生や卒業生、関係者の前でしまコトプラン＝島根との関わり方を発表する。ここで、多様な関わり方が生まれていく。下／最終講座では、島根県の担当者から「卒業証書」が授与される。

おわりに

しまコトアカデミーの歩みを振り返ってみて感じるのは、イノベーションというのは、起こそうとして起きるのではない、ということです。

関係人口とは、ローカルイノベーションであると考え、タイトルにも付けました。しかし、その関係人口をつくったしまコトアカデミーに関わってきた人たちは、最初から関係人口をつくってやろう、人口減少時代の日本を救うイノベーションを起こそう、なんて、考えていたわけではありません。むしろ、これっぽっちも考えていませんでした。

一人ひとりが、自分の問題意識を大切にしながら、そして、悩みながら迷いながら、一生懸命、地に足を付けて歩み続ける。その結果、最初は点だった一人ひとりの想いや行動が、ご縁によってつながって線になり、さらに広がってしまコトアカデミーという面ができる。結果的に、日本の最先端を行くイノベーティブな場となり、関係人口をつくるという日本社会に価値を提供するほどの場となりました。

この本に登場した、一人ひとりのストーリーをたどると、偶然のようで必然だったようにも思えます。道は後からついてくる、とでも言えるでしょうか。

なぜしまコトアカデミーは人を惹きつけるのでしょうか。どうPRをうまくしているのかと聞かれることも多いのですが、間違ってはいけないのは、PRがうまいから人を惹きつけ、集めているのではないということです。

そうではなく、きちんといいもの、社会に必要とされるものをつくっているから。つまり、都市に暮らしながら、地域と関わりたい、役に立ちたいという人たちのニーズと想いに応える場として、しまコトアカデミーが機能しているからこそ、人は惹きつけられ、集まってくるのです。

それが現代の文脈に照らせば関係案内所である、ということになるのだと思います。ＰＲがうまい、いい講師を捕まえた、というような小手先のテクニック論ではないのです。

私自身、立ち上がる前からしまコトアカデミーを見てきました。同じ時期に東京にいた田中徹さんとはよく議論しましたし、三浦さんが応募したしまコトアカデミーのプロポーザルは、ネクスト島根のみんなと一緒に考えました。いまとなっては、シーズとソトコトで良かったと思いますが、当時は悔しかったですよね。でもその後も、取材やゲスト講師などの形で関わり続け、今回も書籍化の形でご一緒できていること、ご縁に感謝です。

この本をつくるにあたり、ソトコト編集部の橋本安奈さん、早野隼さんには、的確なアドバイスをして助けていただき、大変お世話になりました。執筆しながら身も心も削るようで、心が折れそうになるときも少なくありません。そんなとき、橋本さんから届いた「原稿、とても楽しみです！」というメッセージにどれだけ励まされたか。編集者は最初の読者でもあります。楽しみに待ってくれている読者が側にいることが力になりました。

この本を最初に企画してくださった藤原啓さん、そして指出さん、三浦さん、田中徹さんをはじめとして本に登場した方々、お忙しい中時間をつくって丁寧に取材に答えてくれたこと、感謝の気持ちでいっぱいです。しまコトアカデミーの卒業生たちも、取材に応じてくれたのはもちろん、応援してくれました。大、大、大感謝です！　ともに切磋琢磨する島根やジャーナリストの仲間、シェアオフィスとシェアハウスのメンバー、家族。アドバイスをくれた山本悠さん、岩谷圭さんにもあらためてありがとうを伝えたいと思います。

そして、読者の皆さまにも。本を手にとり、このページを開いてくださって、本当にありがとうございます。物書きというのは、孤独です。ミュージシャンならライブを開けば聴衆が集まり、一体感も味わうことができますが、物書きにはライブのような、読者を目の前に感じられる仕掛けがありません。読者が見えないのです。

でも、だからと言って、読者のことを考えていないわけではありません。自分に言い聞かせていることは「読まれない情報はゴミと一緒だ！」です。そう、だから、自己満足の文章を書いても仕方ない。いつも、読者、つまり、いまこれを読んでいるあなたの姿を想像しながら、妄想しながら、書いています。だから、あなたが読んでくれていること自体が、喜びなのです。

はじめにでも書いたように、きっと、この本を手にとっているのは、人口減少に心を痛め、地域を想い、地域を何とかしたいと思っておられる方たちではないかと想像します。

そんな方たちに向けて、地域を想う若い世代が増えているよ、だから一緒に生かそうよ、人口減少時代における生かし方の１つが関係人口だよと、そう伝えたかったのが、この本です。

第八章にも書いたように、誰だって、関係人口はつくることができるし、関係人口になることもできる。この本では関係人口、しかも一部しか紹介できませんでしたが、他にももっと関係人口のバリエーションも、潮流を生かす方法もありますので、ぜひ模索し、実践してみていただけると、何よりうれしく思います。

ちなみに、関係人口のバリエーションの一つである「風の人」について、私自身の著書『地域ではたらく「風の人」という新しい選択』でも書いていますので、良かったら参考にしてみてください。

普段地域に暮らしていると、日常の中で潮流はなかなか感じにくいのではないかと想像します。「人口が減るから仕方ない」とあきらめ、元気や踏み出す勇気を失いかけている人々も見てきました。

でも、あきらめないでほしいのです。しまコトアカデミーの取り組みを通して、しつこいかなと迷いながらも、繰り返し書いてきたように、確かに潮流は生まれているのです。時代にあった方法で生かすか生かさないかは、あなた次第。さあ、これからだ。

田中輝美（たなか・てるみ）
ローカルジャーナリスト。島根県浜田市出身。大阪大学文学部卒業後、山陰中央新報社に入社し、ふるさとで働く喜びに目覚める。報道記者として、政治、医療、教育、地域づくり、定住・UIターンなど幅広い分野を担当。琉球新報社との合同企画「環（めぐ）りの海ー竹島と尖閣」で2013年日本新聞協会賞受賞。2014年秋、同社を退職して独立、島根を拠点に活動している。第11回ロハスデザイン大賞2016ヒト部門で大賞受賞。著書に『未来を変えた島の学校—隠岐島前発ふるさと再興への挑戦』（岩波書店）『地域ではたらく「風の人」という新しい選択』（ハーベスト出版、第29回地方出版文化功労賞受賞）『ローカル鉄道という希望—新しい地域再生、はじまる』（河出書房新社、第42回交通図書賞奨励賞受賞）など。2017年、大阪大学人間科学研究科修士課程修了。一般社団法人・日本ジャーナリスト教育センター（JCEJ）の運営委員も務める。

関係人口をつくる
定住でも交流でもないローカルイノベーション

2017年10月31日　第一刷発行

著者：田中輝美
企画：シーズ総合政策研究所

発行者：小黒一三
発行所：株式会社木楽舎
〒104-0044 東京都中央区明石町11-15
ミキジ明石町ビル6階
電話：03-3524-9572

www.kirakusha.com

印刷・製本：開成堂印刷株式会社

編集：橋本安奈（ソトコト編集部）
装丁：尾原史和（SOUP DESIGN）
校正：鴎来堂

ISBN978-4-86324-118-3